Comprendre Freud

Hervé Castanet - Yves Rouvière

Comprendre Freud

ISBN : 978-2-31500-302-0
« Comprendre », une collection dirigée
par Luis de Miranda
© Max Milo Éditions, Paris, 2011
www.maxmilo.com

À Jacques-Alain Miller dont le combat
fait vivre la psychanalyse

INTRODUCTION
Pourquoi Freud?

SIGMUND FREUD EST NÉ LE 6 MAI 1856 À FREIBERG EN MORAVIE (empire d'Autriche) et est mort à Londres le 23 septembre 1939. **Son nom est inséparable de sa découverte: l'*inconscient*, et des conséquences qu'il en tire: la *psychanalyse*.** Cette dernière a toujours eu ses détracteurs et ses opposants, mais aujourd'hui on voit apparaître en France des attaques massives qui veulent la discréditer définitivement et y associent la personne privée de son créateur. Par exemple, un *Livre noir de la psychanalyse* a été publié en 2005 et un philosophe qui se déclare anarchiste a récemment présenté Freud comme un dangereux pervers, manipulateur et sans rigueur scientifique. Parallèlement, une théorie – le *cognitivo-comportementalisme* – veut, en couplant les descriptions des neurosciences et les effets des conditionnements comportementaux, offrir une alternative clinique à la psychanalyse. Elle légitime des thérapies courtes, efficaces, applicables à chacun. Ces attaques nouvelles ont un point commun : leur pauvreté épistémique, leur ignorance des soubassements idéologiques à l'œuvre, leur croyance à des hommes et des femmes réduits à leur cerveau. Voilà qui est nouveau : ces attaques trouvent des échos, vifs, parfois louangeurs, dans les médias et l'opinion publique. La visée est explicite : il faut en finir avec le grand homme et montrer – enfin ! – en quoi et comment la psychanalyse est une escroquerie. Effectivement, la psychanalyse ne va pas avec l'idéologie du temps. Elle ne plaît pas aux maîtres qui rêvent d'un monde ouaté où la berceuse de l'endormissement devient une politique du *tout va bien – Dors, dors petit homme, ne fais plus de bruit, dors !*

La psychanalyse va-t-elle mal ? Les cabinets sont-ils vidés de leurs patients ? Les hôpitaux et autres dispensaires l'ont-ils exclue des pratiques cliniques ? Nullement. La psychanalyse est active, vivante. Certains patients lui doivent la vie. D'autres, sans elle, continueraient à dormir et à faire de leur vie un songe. Elle n'est pas figée dans le marbre. Elle s'intéresse au monde et aux nouvelles formes de son malaise. Elle ne renonce pas là où les résultats thérapeutiques ne sont pas assurés *a priori* : les psychoses lourdes, l'autisme, etc.

LES MAITRES DU SOUPCON

Le paradoxe est là : les preuves de l'efficience de la psychanalyse sont connues, mais l'idéologie scientiste, dans notre monde d'aujourd'hui, veut programmer sa disparition. À ce titre, le combat pour la psychanalyse est d'actualité – y compris concrètement dans les lieux hospitaliers et de traitement. Non pour défendre des positions corporatistes (= la *boutique* psychanalyse), mais pour contrer une idéologie de la transparence dont le Moi est le souverain – *Je sais ce que je dis ; je sais ce que je fais !*

En 1917, Freud explique la résistance à la psychanalyse par la « vexation » qu'elle fait subir à l'amour propre de l'humanité. Il y avait déjà eu, grâce à l'avancée de la science, la vexation copernicienne : la Terre n'est pas le centre de l'univers et les planètes tournent autour du Soleil, puis la vexation darwinienne anti-créationniste : l'homme descend du règne animal. Avec la psychanalyse, le moi « n'est même pas maître dans sa propre maison ». C'est son inconscient qui le détermine – dans ses pensées, ses affects, ses amours, ses choix, ses actes. Freud ira jusqu'à dire que « la psychanalyse insulte le monde entier et s'attire son aversion » !

Dans ce livre, nous proposons de déplier l'enjeu de la découverte freudienne. Rien n'est plus éloigné de la psychanalyse que l'idée d'un savoir clinique objectivé et dégagé de la rencontre au cas par cas. Ce livre n'est pas un résumé de la vie ou de l'œuvre de Freud. Sa direction est précise : comment Freud a-t-il rencontré cette Autre scène qu'est l'inconscient ? Quelles conséquences en a-t-il tirées ? Nous déplierons quelques-unes de ces conséquences pour la clinique en pointant ce qui d'inouï s'y dépose. Cet inouï a un nom : c'est la *causalité psychique*. Cette expression doit faire entendre que si l'homme a un cerveau, il n'est pas son cerveau. Sa spécificité est d'être un sujet qui parle et qui n'est sujet que parce qu'il parle. Tout à la fois, il est assujetti au langage où il habite et, par la parole prélevée au langage, il peut être sujet du désir. « À cette fin, elle [la psychanalyse] doit rester dégagée de tout présupposé de nature anatomique, chimique ou physiologique, comme de quelque chose qui lui est étranger », affirme Freud.

Cette lecture de Freud ne peut faire l'économie de l'enseignement de Jacques Lacan (1901-1981) qui, par son « retour à Freud », a permis à la psychanalyse de retrouver la radicalité de son créateur et à des générations d'analystes de ne pas errer dans la pratique clinique. Lire Freud avec Lacan, c'est lire Freud avec rigueur – *à la lettre*. Quelles découvertes allons-nous faire sur la vie des singuliers « parlêtres » (Lacan) que nous sommes ?

TRANSFERT
INCONSCIENT
SEXUALITE
HYSTERIE
NEVROSE
PERVERSION
PSYCHOSE

1

Le transfert

« Comprendre Freud » est une affirmation apparemment simple – il s'agirait de comprendre la pensée de Freud et, compréhension acquise, de la transmettre comme un savoir détaillé, rigoureux, avec ses avancées et ses butées. Il s'agirait de comprendre Freud comme l'on peut comprendre Aristote, Hegel ou Marx. Ce qu'ignore une telle affirmation c'est **quel est le savoir spécifique produit par Freud et surtout comment lui-même s'y est pris pour inventer ce savoir nouveau qui a pour nom *psychanalyse*.** Il est de règle de ne pas poser cette question : à quoi bon se renseigner sur la façon dont s'est débrouillé un auteur pour penser ceci ou cela puisque ce qui compte c'est la transmission réglée d'un savoir dégagé des conditions contingentes privées de son élaboration. Le chimiste peut méconnaître la vie de Pasteur et accomplir parfaitement les opérations de pasteurisation des aliments; de même, le consommateur profite de cette stérilisation tout en ignorant comment elle opère sur les quantités microbiennes. Le nom propre d'un savant devient la désignation d'une technique chimique autonome. La psychanalyse est-elle à Freud ce que la pasteurisation est à Pasteur? La réponse est tout à la fois oui et absolument non. Déplions ce paradoxe.

La psychanalyse s'inscrit dans le champ de la rigueur qu'elle emprunte explicitement à la science. Elle produit des concepts, des logiques de raisonnement, des conclusions. Elle cherche des preuves et construit des opérations de vérification de ses hypothèses. Elle en rejette certaines et garde les plus heuristiques. Freud, médecin de formation, chercheur en physiologie pendant six ans (dans le laboratoire d'E. Brücke), n'a jamais cédé sur ces principes scientifiques. En 1915, dans sa *Métapsychologie* où il tente de dégager les fondements conceptuels de la psychanalyse, il écrit : « Nous avons souvent entendu formuler l'exigence suivante : une science doit être construite sur des concepts fondamentaux clairs et nettement définis. » Son option ne souffre aucune contestation : Freud se définit comme scientifique à l'instar du physicien. En bon épistémologue, il précise : « En réalité, aucune science, même la plus exacte, ne commence par de telles définitions. » Néanmoins, le but

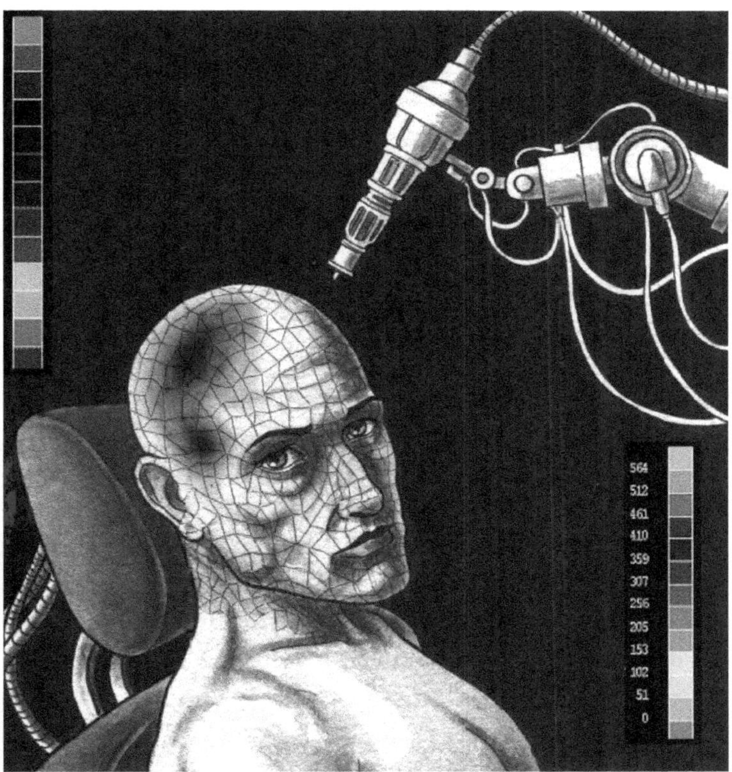

final est de parvenir à des définitions qui seront ensuite modifiées. Le concept de **pulsion** en est un exemple privilégié. Freud écrit : « Il y a un concept fondamental conventionnel de ce genre, encore assez confus pour l'instant, dont nous ne pouvons nous passer en psychologie : c'est celui de la *pulsion*. Essayons de lui donner un contenu, en l'abordant par divers côtés. » Le résultat est la décomposition de la pulsion en quatre termes – *poussée, but, objet, source* – dont l'articulation relève d'un montage inédit entre la vie psychique et le corps vivant. Ce concept de pulsion sert donc de socle à la *Métapsychologie* et ouvre des perspectives nouvelles. Le savoir de la psychanalyse, ainsi présenté, « donne l'impression réjouissante d'un travail scientifique sérieux de haut niveau », ainsi que le constate Freud à la fin de sa vie. C'est un savoir comme un autre qui diffère par son objet – la vie psychique –, nullement par sa méthode voulue scientifique. À ce titre, il peut être compris, travaillé et transmis.

Alors pourquoi avoir affirmé un « absolument non » à cette compréhension de Freud et de sa découverte ? Parce que **le savoir dont il est question ne se situe pas au-dehors – il n'est pas un objet du monde (comme le sont un astre ou une molécule) – de celui qui observe. Il est le plus intime de chacun.** Il ne s'apprend pas dans un livre, mais par une expérience qui est d'abord et toujours une épreuve. On peut lire Freud en épistémologue en repérant comment ses travaux cliniques sont inséparables du contexte scientifique et philosophique de son temps. Ces recherches ont leurs lettres de noblesse, mais, par définition, elles veulent ignorer comment Freud a réalisé sa découverte, comment il y fut intimement engagé dans sa vie, dans sa pensée. Il faut du sang, de la chair, des souffrances, bref du vivant, pour comprendre ce que Freud comprit et qu'avant lui personne n'avait voulu saisir. En 1887, Freud a trente et un ans. Depuis 1886, il est installé comme médecin-neurologue à Vienne et reçoit des « névropathes » — « Mon arsenal thérapeutique ne comportait que deux armes : l'électrothérapie et l'hypnose. » Il cherche à se faire une clientèle pour nourrir sa famille qui s'accroît rapidement et, cliniquement, à apprendre l'étiologie des symptômes observés que l'hyp-

nose tentait de supprimer. **Dans ce contexte, Freud fait la rencontre de Wilhelm Fließ**, oto-rhino-laryngologiste berlinois, de deux ans son cadet. Une correspondance, constituée de deux cent quatre-vingt-sept lettres et de nombreux manuscrits scientifiques, s'établit entre eux et durera jusqu'en 1904. Régulièrement, ils organisent des rencontres de travail où ils discutent leurs avancées respectives. Freud les attend avec impatience : « C'est magnifique ! Et connaissez-vous un endroit plus beau que Salzbourg pour cela ? Nous nous retrouverons là-bas et nous irons quelques jours où vous voulez » ; « Mais en aucun cas je ne renoncerai à vous ; […] En attendant, écrivez-moi, faites des propositions et tenez-vous-en à cette simple chose que je veux tout de suite établir comme étant la seule qui compte : cette année aussi nous devons nous voir et nous parler. » Le lien qui va unir Freud à son ami pendant dix-sept ans a une importance déterminante pour la naissance de la psychanalyse. Freud, sans le repérer (tout au moins au début), sans le vouloir, est pris d'un véritable amour pour Fließ qui s'étaye sur un savoir qu'il lui attribue. Le médecin berlinois développe une théorie biologique des périodicités féminine (28 jours) et masculine (23) qui ont leurs correspondants dans le nez. Il y aurait des relations entre le sexe et le nez qu'une thérapie nasale devrait vérifier afin de traiter les névroses actuelles ! Cette théorie sur le sexuel, les femmes et les mères, vire au délire et s'apparente à un discours paranoïaque. C'est pourtant ce Fließ-là que Freud pose comme le lieu d'adresse de ses propres découvertes en cours. **C'est son ami privé, son lecteur systématique, son mentor reconnu – « C'est toi qui es l'unique autre, l'alter. »** « J'espère, lui écrit Freud dès sa deuxième lettre, un mois après leur rencontre, que nous aurons à l'avenir des rapports riches et intenses. Je ne sais toujours pas par quoi je vous ai conquis ; […] Mais j'en suis très heureux. J'ai toujours eu la chance de trouver mes amis parmi les meilleurs et j'ai toujours été particulièrement fier de cette chance. » Les encouragements de Fließ lui sont essentiels : « Cela me réconforte beaucoup que tu reconnaisses la théorie des représentations de contrainte, tu me manques évidemment tout le temps pendant un tel travail. » Autrement dit, l'élaboration scientifique de Freud ne se fait pas à froid – elle n'est pas une pure réflexion théorique dialoguant avec les auteurs de référence. Écrire pour Freud c'est écrire pour Fließ, c'est quêter ses réactions, ses opinions, ses conseils, ses reproches, ses désaccords. **Sans Fließ, le savoir de Freud ne peut être extrait des recherches tâtonnantes qui l'épuisent.** À une occasion, il lui dira que ses résultats sur la « névrose nasale », fondée dans le substrat biologique, constituent le socle sur lequel la colonne de la psychanalyse pourra s'ériger ! Oui, Freud, pourtant peu enclin à l'aveuglement, ne contestera pas les élucubrations du médecin berlinois ; elles constituent, pour lui, un savoir sur le sexuel dont il tente justement de faire le ressort psychique de l'étiologie des névroses. Non sans mal : « Tu as raison, la corrélation entre la névrose obsessionnelle et le sexuel n'apparaît pas toujours aussi clairement. Je peux t'assurer qu'elle n'était d'ailleurs pas facile à trouver […] ; celui qui l'aurait cherchée de façon moins monoïdéique que moi serait passé à côté. » Pointons ce « tu as raison » adressé par Freud à son ami **– l'étiologie sexuelle des névroses est l'hypothèse de Fließ, et Freud en fera sa boussole**. Mais ce n'est pas du même sexuel qu'il s'agit : « Toi, le biologique, moi le psychique. » On a voulu imaginer que l'auto-analyse de Freud, dont est née la psychanalyse, s'était accomplie entre lui et lui-même, sans intervention extérieure. Nombreux sont les psychanalystes qui ont voulu croire à cette pastorale au prix d'une censure de cette correspondance. La publication anglaise des *Lettres complètes* date seulement de 1985 et il faut attendre 2006 pour les lire en français ! La véritable histoire Freud/Fließ dévoile que l'« analyse originelle » (la formule est d'O. Mannoni) de Freud est un transfert amoureux qui, plaçant le Berlinois comme « sujet supposé savoir » selon l'expression de J. Lacan, lui donne la place de l'analyste. Fließ fut le psychanalyste de Freud à un moment où la psychanalyse et la cure n'étaient pas encore inventées et sans qu'il le sache lui-même! **Il n'y a pas d'auto-analyse – pour qu'une analyse soit possible, il faut que la place de l'analyste soit dégagée et incarnée**; ce fut le médicastre allemand – « J'espère encore en toi comme dans le Messie », lui clame Freud. Ce transfert amoureux, avec ses élans de passion, sa jalousie, ses attentes déçues, sa surestimation de l'interlocuteur, a donc permis à Freud de donner forme à sa pensée et à ses recherches cliniques. Reste cette question : que trouve Freud ? suivie de celle-ci : quels effets produit, sur le sujet Freud, cette découverte ? Le tableau devient sombre. Freud va mal, ses repères ne tiennent plus – il a des troubles somatiques, des idées de mort, une sévère dépression psychique : « Une période de paralysie intellectuelle comme celle-là ne s'était jamais encore présentée à moi. Et chaque ligne est pour moi une torture » ; « Je suis stupide » ; « J'ai maintenant le sentiment d'être vraiment sans racines » ; « Je vis ici, l'esprit chagrin et dans l'obscurité » ; « Je ne sais toujours pas ce qui s'est passé en moi ; quelque chose venu du tréfonds de ma propre névrose s'est opposé à un progrès dans la compréhension des névroses, et tu étais impliqué d'une façon ou d'une autre. » Ce dont témoignent ces phrases est inouï. **Freud cherche à percer l'étiologie des névroses. Le sexuel y est impliqué. Mais pas seulement. L'hypothèse d'une Autre scène différente du champ de la conscience et**

de la raison émerge. Il y a des pensées sexuelles actives dont les effets ne cessent pas et qui n'appartiennent pas à la conscience. Freud découvre l'inconscient d'une double façon : il fait cette supposition pour ses propres patients qu'il reçoit dix heures par jour et il rencontre cette « obscurité » chez lui. Il n'y a pas d'un côté les patients et de l'autre le médecin distancié qui observe. Il est semblable à ceux qu'il traite – « J'ai alors eu ce sentiment dont les malades se plaignent tant, celui d'être lié intérieurement, et j'étais vraiment désemparé. » **Personne ne fait ami-ami avec son inconscient.** L'expression *mon inconscient* suggère que le sujet a un inconscient à sa disposition, qu'il en est le maître. Justement, comme le rappelle Lacan, l'inconscient est toujours celui de l'Autre. Freud se fait patient pour Fließ. Il ne cède pas sur ce qu'il a à déchiffrer de l'inconscient saisi dans ses formations en acte dans le transfert : symptômes, actes manqués, lapsus et, voie royale d'accès, les rêves. De ce déchiffrement singulier, toujours difficile, parfois insupportable, naît la psychanalyse. Elle advient de ce refus d'un *je n'en veux rien savoir* où règne le moi, d'une lutte contre les résistances. Élucider le mystère du rêve n'est pas pour Freud un projet parmi d'autres. S'il y parvient en analysant les siens propres, alors il sera devenu le premier lecteur de l'inconscient – celui qui l'agite. Il aura trouvé un traitement à sa propre névrose et pourra être le psychana-

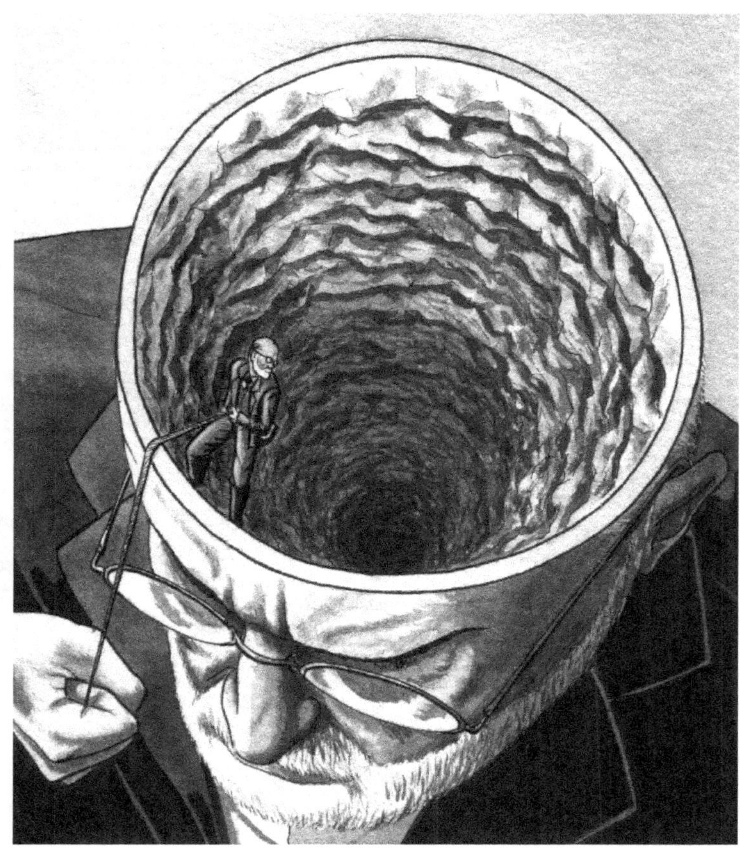

lyste de ses patients. « Mon auto-analyse est en fait la chose
la plus essentielle que j'ai en ce moment et elle promet
d'acquérir pour moi une très grande valeur si elle arrive à

son terme. » L'hagiographie a voulu faire croire que Freud avait seul inventé la psychanalyse et que Fließ était un « accident » (mot terrible d'E. Kris). Il n'en est rien. **Effectivement, au commencement d'une analyse, de toute analyse, il y a le transfert !**

2

L'inconscient

La découverte de la psychanalyse, non sans le transfert (inauguralement celui de Freud à l'endroit de Fließ), est celle de l'inconscient. Il est habituel de lire que Freud n'a pas inventé l'inconscient, que ce terme *(Unbewußte)* existait bien avant lui et que philosophes ou psychologues, principalement de langue allemande, en avaient donné des définitions précises. Pour le XIXe siècle sont souvent cités : Schelling, Nietzsche, Schopenhauer, Herbart, Helmholtz, Fechner, Wundt et autres Carus. Cette remarque, utilisée pour discréditer la psychanalyse, est parfaitement exacte. Il n'en demeure pas moins que Freud a découvert l'inconscient freudien et que cette découverte rend possible la psychanalyse. Personne avant Freud n'avait défini l'inconscient comme il le fit. Qu'est-il donc ? Freud lui donne le statut d'hypothèse et refuse de l'assimiler à un territoire inconnu

ACTE MANQUÉ
LAPSUS
RÊVE
RÊVE
LAPSUS

semblable aux eaux profondes, sombres et immobiles des lacs isolés chers aux romantiques. **Au contraire, l'inconscient freudien est action**: « La représentation refoulée reste, dans l'*Ics.* capable d'action », écrit-il dans sa *Métapsychologie*. **L'inconscient ne laisse pas tranquille ; il n'est pas sagement assoupi, aux ordres.** Autrement dit, il y a des « représentations psychiques » dont le sujet ignore la présence et qui ne cessent pas de se manifester. Le refoulement en rend compte : « La psychanalyse nous a appris que l'essence du processus de refoulement ne consiste pas à supprimer, à anéantir une représentation représentant la pulsion, mais à l'empêcher de devenir consciente. » Il y a des représentations représentant la pulsion que la conscience arrête et refoule. Plus tard, dans sa seconde *Topique* des années vingt, Freud nommera cette instance de refoulement le *Moi*. Ce refoulement n'est pas définitif – ce qui est refoulé fait retour et se débrouille pour y parvenir en se travestissant de diverses façons. À ce titre, **refoulement et retour du refoulé sont les deux faces d'un même mécanisme psychique.** L'inconscient n'a pas disparu – son action se poursuit. Ce qui fait retour porte un nom : ce sont les *formations de l'inconscient*. Quelles sont-elles ? Répondre permet de savoir pourquoi certaines représentations de la pulsion sont refoulées et d'autres pas. Pourquoi celles-ci et pas celles-là ? Le sexuel y est impliqué...

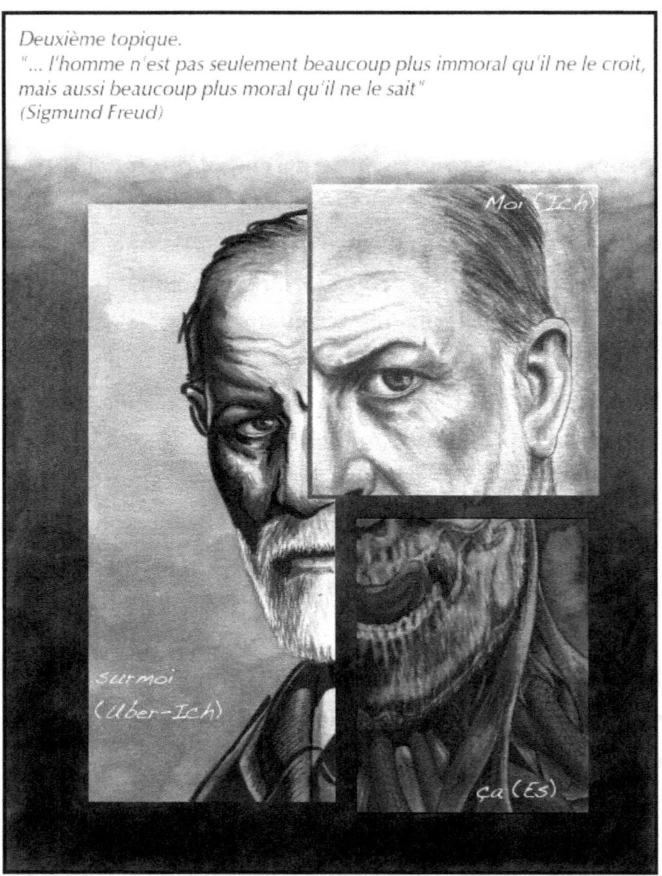

Deuxième topique.
"... l'homme n'est pas seulement beaucoup plus immoral qu'il ne le croit,
mais aussi beaucoup plus moral qu'il ne le sait"
(Sigmund Freud)
Moi (Ich)
Surmoi
(Über-Ich)
Ça (Es)

Le rêve

Freud veut absolument démontrer que l'inconscient est à l'œuvre dans la vie psychique la plus courante et pas seulement dans le cas des névrosés. En 1900, il publie son étude magistrale *L'Interprétation du rêve (Traumdeutung)*. C'est un livre difficile à la théorie affirmée dans lequel il fait appel à ses propres rêves plutôt qu'à ceux de névrosés alors qu'il a pourtant mené à interprétation plus de mille rêves chez ses patients. Le rêve lui offre une occasion privilégiée d'assurer cette démonstration en affirmant que les rêves sont interprétables et qu'une méthode générale peut être dégagée à partir de l'hypothèse de l'inconscient. Cette méthode n'est aucunement une nouvelle clef des songes qui, elle, procède par symboles préétablis valables dans tous les cas (des abeilles qui bourdonnent = bonnes nouvelles au rêveur; calendrier = signe de grosse perte d'argent). **Une thèse s'y déploie: le contenu du rêve est une** *satisfaction de désir*, **son motif est un** *désir*. Freud ouvre la *Traumdeutung* par un de ses rêves dit de « **l'injection faite à Irma** ». Quelle satisfaction de désir y est engagée? Nous sommes en 1895, Freud traite par la psychanalyse une amie de sa famille, Irma. Le traitement se termine sur un demi-succès. Irma a perdu son angoisse hystérique tout en conservant des symptômes organiques. À une occasion, Otto, un jeune médecin ami de Freud, lui donne des nouvelles d'Irma en ces termes : « Elle va mieux, mais elle ne va pas vraiment bien. » Le coup est rude. Freud entend dans ces propos une critique de son traitement et donc, au-delà du cas d'Irma, de la psychanalyse. Il décide de rédiger un rapport justifiant ses choix cliniques et sa méthode. Sur ce, il s'endort et vers le matin, fait un rêve. Les principaux éléments de ce dernier à isoler sont :

— Freud rencontre Irma lors d'une soirée. Il la prend à part et lui fait des reproches, car elle n'a pas accepté sa « solution ». En refusant d'écouter Freud, elle souffre par sa faute.

— Irma est boursouflée, pâle et se plaint de douleurs dans la gorge, l'estomac et le ventre.

— Freud s'inquiète, soupçonne une maladie organique qui lui aurait échappé. Il examine la gorge de la patiente et y trouve une tache blanche et des formations étendues avec des croûtes.

— Freud fait appel au Dr M., qui confirme l'observation. C'est une infection, mais une dysenterie à venir éliminera le poison.

— L'infection résulte d'une injection à base de propyle, propylène… acide propionique, faite par Otto.

— Freud voit imprimée devant lui la formule chimique de la *triméthylamine*.

— Le scénario final insiste : la faute de la maladie d'Irma est due à la négligence d'Otto. (La seringue n'était pas propre ; quelle légèreté de pratiquer ainsi !)

Comment Freud analyse-t-il son rêve ? Il le prend phrase après phrase et laisse venir ses associations faites de souvenirs, de corrélations d'idées, de restes diurnes. Bref, il laisse venir ce que sa vie psychique lui apporte – le tout-venant. **Il se soumet à la règle de l'*association libre* en refusant de trier, de censurer, de n'accepter que ce qui est logique, rationnel.** Quatorze longues pages seront nécessaires pour déplier cette interprétation. Le rêve se resserre autour de la formule chimique de la triméthylamine réduite à une série de lettres imprimées comme dans un livre scientifique. Ce mot-formule condense ce qui agite Freud. Comment ? Voici les associations : Freud parle de son ami Fließ (sans donner son nom) qui a découvert que cette substance est l'un des produits du métabolisme sexuel. La triméthylamine fait surgir le « facteur sexuel et sa toute-puissance » toujours engagés dans la causalité des névroses. Or Irma est une très jeune veuve. Otto, qui lui fait des reproches, a peut-être des visées sur celle-ci et voudrait changer sa situation – la voir guérir pour tenter sa chance auprès d'elle. Ce n'est pas tout. Freud a fait observer Irma par Fließ pour savoir si ses douleurs gastriques ne sont pas d'origine nasale ! On croit rêver. Mais non ! Freud continue

"Chaque rêve qui réussit est un accomplissement du désir de dormir."
(Sigmund Freud)

de supposer à Fließ un savoir sur la sexualité notamment féminine puisqu'il écrit de lui : « [...] il a offert à la science la démonstration de corrélations extrêmement remarquables entre les cornets du nez et les organes sexuels féminins

[…] » Fließ, surtout, est malade. Il souffre de « suppurations nasales » qui font souci à Freud ; il craint pour la santé (risque de métastases cancéreuses) de son ami, son seul interlocuteur !

L'interprétation tombe : il s'agit d'un rêve dans lequel Freud récuse, une par une, toutes ses possibles responsabilités dans la demi-guérison d'Irma et se venge de tous les reproches par des justifications : 1. Irma est une malade organique ; la psychanalyse n'y peut rien. 2. Le veuvage d'Irma explique son état. Or Freud ne peut le modifier. 3. Otto est responsable : il a injecté un mauvais produit avec une seringue malpropre. 4. Otto et le Dr M. n'y connaissent rien. Freud les dédaigne. Seul Fließ possède un savoir sur cette situation. 5. Par certains traits, le personnage d'Irma en cache un autre : une hystérique plus docile connue de Freud. Si Irma ne va pas mieux, c'est parce qu'elle s'oppose à la guérison.

Freud se venge. Le rêve multiplie les moyens pour y parvenir : « Débarrassez-moi de ces personnes, remplacez-les-moi par trois autres choisies par moi, après quoi je serai absous des reproches que je ne veux pas avoir mérités ! »

Les associations ne sont pas épuisées. D'autres personnages et thèmes apparaissent. Freud avoue même ne pas nous livrer toutes ses pensées intimes. Retenons la démonstration : **ce rêve est logiquement interprétable** ; il est une *satisfaction de désir* (ici le désir inconscient de se disculper, de se venger de ses accusateurs…).

Oublis, lapsus, gestes manqués

En 1901, Freud rédige sa *Psychopathologie de la vie quotidienne* qui connaîtra neuf éditions intégrant jusqu'en 1924 des ajouts et précisions. Il y poursuit le décryptage de l'inconscient qui travaille, se joue des mots voire des lettres de l'alphabet – un inconscient qui ne connaît ni jour ni nuit, qui ne se repose pas, qui insiste – un inconscient besogneux, multiple, varié ; bref, baroque. **Rien n'est fortuit, l'inconscient a le dernier mot.** Freud relève, dans la vie courante, ce qui est souvent taxé de sans importance, hors sens, relevant de l'inattention – ces petits riens que sont les oublis, les erreurs, les lapsus, les gestes manqués, etc. Ils sont, comme le dira J. Lacan, « achoppement, défaillance, fêlure. Dans une phrase prononcée, écrite, quelque chose vient à trébucher. Freud est aimanté par ces phénomènes, et c'est là qu'il va chercher l'inconscient ». Il les élève à la dignité des formations repérables chez tout un chacun. Dans ces formations, la logique des chaînes inconscientes déplie ses jeux. **Ces petits riens ne sont nullement anodins. Ils trahissent un désir inconscient qui demande à se**

réaliser. Comme le rêve, les oublis, lapsus et autres gestes manqués peuvent être interprétés. Ils ne sont pas l'apanage des seuls névrosés. Dans ces années de découverte de la psychanalyse, Freud « dépathologise » l'inconscient qui prend le statut de système déterminant pour comprendre la vie psychique, y compris normale.

La Psychopathologie de la vie quotidienne recense des milliers de ces petits riens. Ainsi, **l'oubli** du nom *Signorelli* qui ouvre le livre. Freud, lors d'un voyage en *Herzégovine*, discute avec un compagnon des villes italiennes et notamment d'Orvieto, dont la cathédrale est célèbre pour ses fresques sur les fins dernières. Freud veut citer l'auteur des fresques, Signorelli. Il n'y parvient pas et deux autres noms de peintres surgissent à sa conscience : *Botticelli* et *Boltraffio*. Lorsque le nom oublié est rappelé, Freud le reconnaît immédiatement comme exact. Freud aurait pu se contenter d'une explication banale où la fatigue, l'inattention, la mémoire, auraient expliqué l'oubli. Justement, il s'y prend autrement. Il ne cède pas sur le savoir en jeu à extraire du banal oubli. **Pourquoi le mot** *Signorelli* **disparaît-il en passant dans les dessous de l'inconscient ?** Pourquoi est-il refoulé ? Pourquoi apparaissent des noms de substitution ? Comme pour le rêve, Freud s'astreint à la règle de l'association libre. Il dit ce qui lui vient. De quoi avait-il parlé juste avant l'oubli ? Des m urs des Turcs de *Bosnie* qui, confrontés à une impuissance sexuelle, préfèrent mourir. La référence à la mort le renvoie à une terrible nouvelle qu'il avait reçue, quelques semaines plus tôt, à *Trafoï* : un de ses patients s'était suicidé à cause d'un trouble sexuel incurable. Les associations continuent, les chaînes associatives se nouent, se recoupent — jamais n'importe comment. Freud les résume dans un schéma :

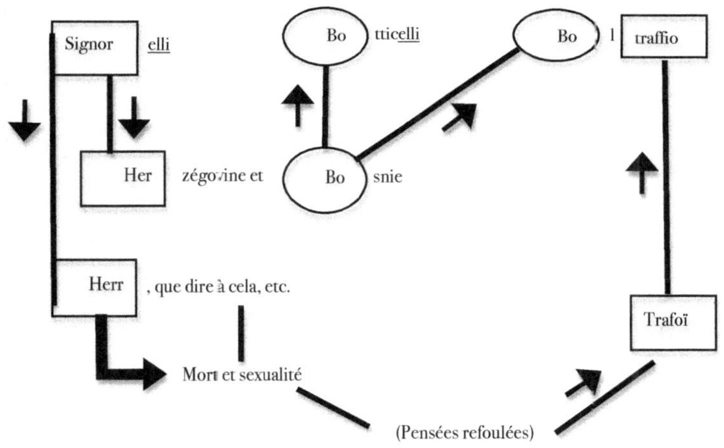

Il n'hésite pas, malgré sa vacillation subjective, à donner
le ressort du processus psychique à l'œuvre : « **Je voulais
oublier quelque chose, j'avais refoulé quelque chose.
Je voulais, en vérité, oublier autre chose que le nom
du maître d'Orvieto.** » Quelle est cette autre chose ? C'est
le nouage entre la mort et la sexualité. *Signorelli* est oublié
contre sa volonté. Par contre, Freud voulait oublier inten-
tionnellement sa *responsabilité* – que son patient était mort
parce que lui, Freud, n'avait pu ou su le guérir de son trouble
sexuel ou, tout au moins, lui permettre de se débrouiller
avec. Le thème refoulé, *via* les associations et assonances
entre les mots, est entré en action et s'est connecté à *Signo-*

relli – l'élément refoulé s'empare par voie associative du nom cherché qui est entraîné vers le refoulement.

L'interprétation du rêve, des oublis, lapsus et autres gestes manqués démontre l'inconscient. Le plus particulier, le plus intime, dégagent des mécanismes psychiques généraux. Personne ne peut faire ami-ami avec l'inconscient – il demeurera toujours Autre. En 1933, Freud écrit : « Nous appelons inconscient un processus psychique dont il nous faut supposer l'existence parce que […] nous le déduisons de ses effets, mais dont nous ne savons rien. »

3

La sexualité

Il est courant d'entendre que la psychanalyse explique la vie psychique, dans toutes ses manifestations, les plus simples comme les plus compliquées, par la sexualité. « Tout est sexuel ! » serait son axiome. La moindre lecture de Freud éloigne de ce cliché pansexualiste dans lequel un C.G. Jung, son ancien disciple, s'est complu avec ses archétypes sexuels immémoriaux. **D'abord la sexualité freudienne ne se réduit pas aux pratiques sexuelles observables**, à ce qui s'accomplit lors de la rencontre des corps dans un lit. Elle n'est jamais brute, isolable en laboratoire, mais inséparable d'une fiction, d'une « théorie sexuelle » — ce terme freudien désignant les théories que les enfants élucubrent pour s'expliquer les énigmes de la conception, de la naissance et de la différence des sexes. **Ensuite, le sexuel se distingue du génital.** Freud a fait voler en éclats la croyance en une sexualité unifiée sous le primat de la génitalité visant la reproduction que l'expression d'« instinct sexuel » accrédite pour le monde animal. La définition freudienne est plus ample : « En psychanalyse, le terme de *sexualité* comporte un sens bien plus large, il s'écarte tout à fait du sens populaire. […] Nous considérons comme appartenant au domaine de la sexualité toutes les manifestations de sentiments tendres découlant de la source des émois sexuels primitifs. […] Nous nous servons du mot *sexualité* en lui attribuant le sens élargi du mot allemand *lieben* ("aimer") […] », écrit Freud en 1910. Il ajoute en 1920 : « […] qu'il nous soit permis de rappeler à tous ceux qui, de leur hauteur, jettent un regard dédaigneux sur la psychanalyse, combien la sexualité élargie de la psychanalyse se rapproche de l'*Éros* du divin Platon […] » De même, il corrigera une erreur qu'on lui attribue trop souvent : si le rêve est la réalisation d'un désir, il est erroné d'ajouter que ce désir a toujours un contenu sexuel ou qu'il remonte exclusivement à des pulsions sexuelles. Bref, tout n'est pas sexuel et ce dernier ne se résume pas au génital.

Pour les hommes et les femmes, parce que sujets parlants, la sexualité fait difficulté. Ce n'est pas la rencontre aboutie du fil et de l'aiguille. **Le rapport problématique à la sexualité n'est pas une éventualité pour les hommes**

et les femmes. C'est une donnée à laquelle personne n'échappe. Le roc de la découverte de la psychanalyse se loge en ce point: *la sexualité, ce n'est jamais ça.* Il y a une subjectivation problématique du sexe anatomique pour les êtres parlants que nous sommes. L'idée d'une sexualité naturelle, comme on l'observe chez les animaux avec son rythme, ses périodes, sa systématicité, sa fixité instinctuelle répétitive, est un mythe – souvent une pastorale où chacun saurait comment faire avec son corps sexué et avec celui du (de la) partenaire. Ce mythe fascine. Dans une lettre à E. Jones, Freud note : « Quiconque promet à l'humanité de la libérer des épreuves du sexe sera accueilli en héros, on le laissera parler – quelque ânerie qu'il débite. » Le sexuel freudien est psychiquement *traumatique* et c'est sous cette forme que prioritairement il se rencontre. Par *traumatique*, il faut entendre une expérience vécue qui manifeste une excitation si forte qu'aucune élaboration ne peut la traiter et donc perturbe durablement la gestion de l'énergie psychique. Pour les principes de plaisir et d'homéostasie qui conditionnent l'équilibre psychique, il est inassimilable. Doit-on alors attribuer à la psychanalyse un pessimisme radical sur le sexe – une nouvelle façon de décliner la malédiction qui s'abat sur lui ? Nullement.

Pour aborder le sexuel, Freud invente le concept de pulsion *(Trieb)* **et y ajoute celui de** *libido* **définie comme la force (ou énergie) par laquelle la pulsion se manifeste dans la vie psychique.** Avec ces concepts, la sexualité humaine est pensée comme elle ne l'avait jamais été auparavant: elle n'est plus une et ne naît pas avec la puberté lors de la maturation des organes génitaux masculins et féminins. La référence à la seule sexualité normale (= l'union des parties génitales dans l'accouplement hétérosexuel) n'explique rien. Le critère normal/anormal n'est pas pertinent pour la pulsion. **Avec Freud, la sexualité se trouve dénaturalisée.** Elle est humaine donc problématique, car s'affrontant à l'inassimilable. En voici une preuve: les « aberrations sexuelles » (déviations par rapport à l'objet ou au but sexuels), qui font les perversions, comme les nomme Freud dans ses *Trois essais sur la théorie sexuelle* (1905-1925), ne sont pas des pratiques animales ou monstrueuses. Justement, elles sont pleinement humaines et le langage moral (religieux, idéologique, juridique) qui les pose hors les normes veut croire à une nature humaine légitimée par une transcendance présente de toute éternité. Freud le martèle (et ses formulations sont aujourd'hui encore radicales): « Pour des motifs esthétiques, on aimerait pouvoir imputer cette aberration aux malades mentaux, de même que d'autres aberrations graves de la pulsion sexuelle; mais cela n'est pas possible. L'expérience montre que les troubles de la pulsion sexuelle observés chez ces derniers ne sont pas différents de ceux des bien portants, quelle que soit leur race ou leur condition. » Les névroses intègrent les perversions: « Aucun bien portant ne laisse probablement de

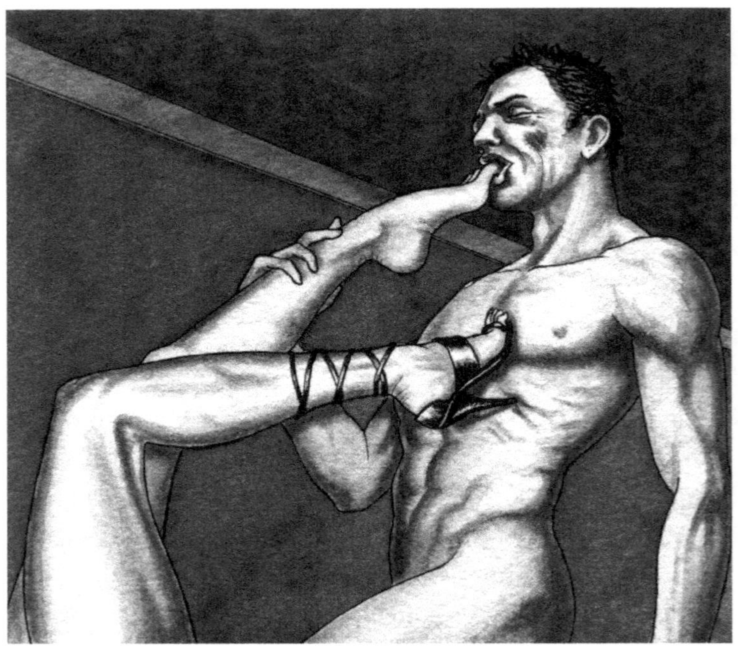

joindre au but sexuel normal un supplément quelconque, qu'on peut qualifier de pervers, et ce trait général suffit en lui-même à dénoncer l'absurdité d'un emploi réprobateur du terme de *perversion*. » Freud ne dit pas que perversion et névrose (les « bien portants ») sont équivalentes. Il pose que la pulsion sexuelle, en tant que telle, n'est pas soumise au critère normal/anormal et que la distinction névrose/perversion est un effet de la lutte entre la pulsion sexuelle et certaines résistances psychiques – « Il est permis de supposer que ces forces participent à la relégation de la pulsion à l'intérieur des limites estimées normales [...] » **La référence constante aux perversions dans les *Trois essais* est cruciale pour définir la sexualité humaine.** Sans elles, la sexualité dite normale est incompréhensible, sauf à la rêver soumise à la procréation – « Il s'avère sans forcer les choses que la sexualité normale émerge de quelque chose qui a existé avant elle [...] » Les perversions, en dissociant objet et but et en les recomposant de multiples façons (les inversions, les pédophilies, les transgressions anatomiques, les fétiches, les fixations à des buts sexuels préliminaires, etc.), isolent les composantes de toute sexualité humaine. Il y a « connexion », dit Freud, entre les perversions et la sexualité normale !

Comment les concepts de pulsion et de libido démantibulent-ils la sexualité pensée comme finalité visant la reproduction ? **Pourquoi, pour la psychanalyse, n'y a-t-il pas une synthèse sexuelle – une pulsion totale ?** La pulsion sexuelle n'est pas un bloc insécable et ne relève ni de l'archaïque ni du primordial. Elle est un montage, un bricolage, un assemblage de diverses composantes hétérogènes – tout aussi bien un circuit, un appareillage. J. Lacan la comparera à un « collage surréaliste » sans queue ni tête. Imaginons une dynamo branchée sur une prise de gaz activant une plume de paon qui chatouille le ventre d'une femme. Le mécanisme, sous la pression du mouvement, se transforme : la bouche de la dame devient prise de gaz et un croupion sort au milieu. Belle comparaison qui sort la pulsion d'une imagerie d'Épinal où tout est lisse, habituel, préformaté. En effet, Freud isole les composantes de la pulsion : 1. La *poussée* qui est le facteur moteur – un « morceau d'activité ». 2. Le *but* qui est toujours la satisfaction obtenant l'apaisement de l'excitation. 3. L'*objet*, qui est ce en quoi ou par quoi la pulsion vise son but. « Il est ce qu'il y a de plus variable dans la pulsion, il ne lui est pas originairement lié […] » 4. La *source* entendue comme le processus somatique localisé dans un organe. Chacun de ces éléments peut subir des transformations, avoir un destin spécifique. Rien n'est préétabli quant à l'usage de la poussée ; c'est un état brut prêt au traitement psychique. Les moyens d'atteindre le but (= la satisfaction) sont multiples ; ils peuvent dériver, se suspendre, se combiner, s'échanger, être actifs ou passifs. **Si l'objet n'est pas lié originairement à la pulsion, c'est qu'alors cette dernière est radicalement différente de l'instinct qui, lui, soude but et objet.** Il peut changer, être remplacé, à tout moment du destin pulsionnel. Ce peut être un objet étranger ou une partie du corps propre. Quant à la source, elle peut s'accrocher à n'importe quelle partie (intérieure ou extérieure) du corps vivant sans se soucier du génital.

Il n'y a pas de sexualité monolithe. Seules les pulsions ainsi bricolées peuvent inscrire le sexuel dans l'inconscient : « [...] elles sont nombreuses, issues de sources organiques multiples, elles se manifestent d'abord indépendamment les unes des autres et ne sont rassemblées en une synthèse plus ou moins complète que tardivement. Le but que chacune d'elle poursuit est l'obtention du *plaisir d'organe*. » **Ces descriptions expliquent en quoi la pulsion freudienne est** *partielle* – toujours partielle par rapport à la finalité biologique ; en quoi la satisfaction y est *non centrée* et couplée à une zone érogène autonome – n'importe quel organe pouvant tenir ce rôle.

Ce partiel est-il définitif ? La réponse de Freud est oui. N'est-il pas possible de trouver une synthèse, une totalisation des composantes éparses de la pulsion ? Non. La *Métapsychologie* distinguera le champ pulsionnel et celui de l'amour qui, lui, crée effectivement une unité, une façon d'assembler le disparate. L'amour, lui, n'est pas pulsionnel. Il relève du Moi et est narcissique. Il peut certes se lier « intimement à l'activité des pulsions sexuelles ultérieures », mais il appartient à ce champ où il s'agit de s'aimer à travers l'autre, où il y a réciprocité entre *aimer* et *être aimé*. Le champ pulsionnel, lui, est pure activité – le Moi en est exclu. La sexualité est donc partielle, perverse. L'amour fait rêver à une synthèse enfin possible… mais il ne relève pas du sexuel ! Freud maintient l'hétérogénéité des deux champs.

Une conséquence clinique : « L'enfant a ses pulsions et activités sexuelles dès les débuts, il les apporte au monde avec lui et c'est d'elles que procède […] ce qu'on appelle la sexualité normale de l'adulte. » C'est pourquoi Freud définit l'enfant comme un *pervers polymorphe*. Cette expression a été galvaudée. On l'a prise pour l'affirmation que l'enfant était un dépravé précoce, un pervers (au sens des pratiques perverses des adultes) et la morale s'en est offusquée. Une telle thèse ne pouvait être acceptée comme générale. Pourtant, elle ne fait que tirer des conséquences du caractère partiel, polymorphe de la pulsion ; l'innocence infantile est perdue. Les critiques n'ont pas cessé pour autant. Il fallait restaurer l'innocence. La sexualité infantile serait une invention de Freud – son forçage.

La preuve ? Les adultes ne s'en souviennent pas. L'oubli fait preuve justement. L'amnésie infantile sur le sexuel est à rapporter à l'inconscient et à l'instance refoulante du Moi. Elle est même riche d'enseignements, car elle ouvre à la compréhension de ce qui est refoulé dans la névrose – **« Sans amnésie infantile, il n'y aurait pas d'amnésie hystérique »**, reconnaît Freud. Parmi les manifestations de la sexualité infantile, Freud distingue, par exemple, le

suçotement (et l'auto-érotisme) dont il fait un « modèle ». La succion voluptueuse apparaît chez le nourrisson et peut se maintenir jusqu'à l'âge adulte. Elle consiste en une répétition rythmique avec la bouche d'une succion dégagée d'une finalité alimentaire. Le suçotement ne provient pas d'une faim non apaisée. Cette activité implique la lèvre, la langue ou toute partie autre du corps atteignable – y compris le gros orteil. Souvent, un agrippement s'y joint avec tiraillement rythmique simultané du lobe ou d'une partie du corps d'une autre personne. Cette succion, par sa satisfaction sexuelle, amène au sommeil et même à une sorte d'orgasme puisque des parties sensibles du corps, dont les organes génitaux, peuvent par frottement y être associées. Le suçotement ouvre alors à la masturbation. **En se portant sur les parties du corps propre, le suçotement est *auto-érotique*.** Comment s'est-il constitué? Il est alimenté par la recherche d'un plaisir déjà vécu – celui de la tétée du sein maternel dans lequel la *zone érogène* était les lèvres de l'enfant. Cette satisfaction du suçotement s'étaye sur cette satisfaction antérieure du besoin alimentaire dont ensuite elle s'affranchit. Du reste, l'enfant après sa tétée manifeste une satisfaction sexuelle qui servira de prototype à toute autre satisfaction. Freud ira jusqu'à écrire : « Téter le sein de la mère devient le point de départ de toute la vie sexuelle, le modèle jamais atteint de toute satisfaction sexuelle ultérieure [...] » L'avantage de choisir des parties du corps est de dégager l'enfant du monde extérieur qu'il domine mal. Quelles conséquences pour la vie future ? Que cette fixation à cette satisfaction demeure et l'adulte aimera les baisers, boire ou fumer. Si le refoulement intervient, alors le dégoût de la nourriture se convertira en un vomissement hystérique. Ce bref exemple démontre trois caractéristiques de la vie sexuelle infantile : elle se construit par *étayage* sur une fonction corporelle vitale ; ne connaissant

aucun objet sexuel constitué à l'extérieur, elle est *auto-érotique* ; son but sexuel est limité à une seule *zone érogène* hors le primat génital.

Les perversions et la vie sexuelle infantile ont permis à Freud, *via* le démontage de la pulsion, d'établir que l'inconscient n'inscrit rien quant à l'être de mâle ou à l'être de femelle. **L'inconscient n'écrit pas la différence des sexes. La pulsion est définitivement partielle!**

4

L'hystérie

La rencontre de l'hystérie et du discours clinique ne date pas de la psychanalyse – on la trouve déjà chez le vieil Hippocrate! Du temps de Freud, pas un manuel de psychiatrie qui n'y fasse référence, souvent en des termes agacés: l'hystérique, généralement femme (l'utérus se dit en grec *hysterion* – d'où *hystérie*), y est décrite comme dissimulatrice, prise dans la revendication, l'opposition, la mise en scène, la théâtralisation du corps (le fameux arc réflexe), l'intrigue provocante, etc. Sa parole est dévalorisée, contestée, frappée de fausseté. Le médecin, en position de maître, s'en méfie et le combat du vrai (celui du concept, de la visée curative) contre le faux (le mensonge de la malade) s'engage. Freud, lors de son séjour à Paris dans le service de Charcot, avait assisté à ces combats dont le maître veut sortir victorieux. Le langage populaire a repris cette description assimilant l'hystérique à l'emmerdeuse.

REVE
été 1881
SOUVENIRS
ecole 82
Hiver 1889
1876
vacances

Sans l'hystérie, la psychanalyse n'aurait pu advenir. Il a fallu que la parole, si souvent tenue comme sans valeur, de ces femmes soit écoutée, posée dans sa dimension de vérité, pour qu'une clinique nouvelle advienne. Ce choix fait coupure avec les pratiques médicales qui précèdent. Freud insiste sur la nécessité d'entrer dans les moindres détails pour saisir la détermination des symptômes hystériques. Il ne s'agit pas d'écouter les malades pour ensuite les faire taire au nom d'un savoir déjà constitué. Ce sont elles qui doivent tout dire de ce qui leur vient à l'esprit sur le mode associatif. Ce sont elles qui savent même si elles ignorent consciemment ce savoir inconscient. La vérité suinte dans chaque détail. Il faut la découvrir, la décrypter, et cela implique de demander toujours de nouveaux détails. Il y a passage d'une clinique du regard où prime l'observation sémiologique, à une clinique de l'écoute où le mot est vérité.

On trouve une description précise de la façon dont Freud s'y prend avec les hystériques et ce qu'il en déduit pour la trouvaille de la technique psychanalytique dans ses *Études sur l'hystérie* (écrites en collaboration avec Joseph Breuer) publiées en 1895. **On y découvre un Freud actif, vif, décidé, véritable détective qui cherche à percer les points d'ombre inconscients et autres mystères du refoulement.** Il ne cède pas, interroge, insiste, exige des mots (et non des aveux) de la bouche de ces jeunes femmes qui s'adressent à lui. Il ne refuse rien de ce qu'elles livrent – souvenirs, plaintes, reproches, descriptions des souffrances organiques, rêves, associations futiles, etc. Freud pratique alors l'hypnose cathartique afin de lever la résistance à l'oubli des souvenirs de l'enfance dans laquelle se trouve la cause (traumatique) du phénomène hystérique. L'hypnose les fait réapparaître dans leur fraîcheur de l'époque et les rend accessibles au traitement – « […] chacun des symptômes hystériques disparaissait immédiatement et sans retour quand on réussissait à mettre en pleine lumière le souvenir de l'incident déclenchant, à éveiller l'affect lié à ce dernier et quand, ensuite, le malade décrivait ce qui lui était arrivé de façon fort détaillée et en donnant à son émotion une expression verbale. » C'est pourquoi, comme le disent Freud et Breuer, « c'est de réminiscences surtout que souffre l'hystérique » – réminiscence du traumatisme non verbalisé (non abréagi).

Cette rencontre de l'hystérie n'est pas de tout repos et Freud lui-même y fut malmené, critiqué, laissé tomber par ces jeunes femmes qui ne s'en laissaient pas conter, ne se soumettaient pas aux diktats du savoir sûr de lui. C'est même l'une d'elles qui obligea Freud, en 1889, à abandonner l'hypnose en limitant

les séances aux seules associations libres. Emmy von N., quarante ans, s'écrit d'une voix angoissée: « Ne bougez pas ! Ne dites rien ! Ne me touchez pas ! » Elle signifie à Freud que c'est à elle de dire et que lui est là pour recueillir ses mots. La technique analytique était née et c'est à Elisabeth von R., vingt-quatre ans, qu'il l'appliquera : « Je pus donc tout de suite renoncer à l'hypnose. [...] Je me faisais d'abord raconter par la malade tout ce qui lui était connu, en notant avec soin les passages où une association demeurait énigmatique, où un maillon semblait manquer dans la chaîne des motivations ; puis je poussais ensuite plus avant dans les couches profondes du souvenir. [...] L'histoire des souffrances racontée par Fräulein Elisabeth était fort longue et tissée de toutes sortes d'événements douloureux. Pendant ses récits, elle n'était pas en état d'hypnose [...] » Voilà le principe de la séance analytique inventé.

Reste une question : quelle est la spécificité des réminiscences dont souffre l'hystérique ? Breuer ne répond pas à cette question ; pour lui, la cause interne de l'hystérie demeure inconnue. La réponse viendra du seul Freud : le sexuel y est impliqué. **Autrement dit, la cause de l'hystérie est sexuelle. Dans tous les cas ? Oui !**

C'est en 1905 que Freud publie son maître livre sur l'hystérie qui vérifie cette thèse. Construit comme une pièce de théâtre avec ses actions et rebondissements, **c'est le cas « Dora » qui, par l'ampleur des démonstrations proposées, demeure pour les analystes une boussole théorique et clinique.** Aujourd'hui, il est de bon ton de

considérer que la recherche clinique, sur le modèle des sciences médicales dures, se construit à partir des découvertes les plus récentes menées à travers le monde. Un bon article scientifique, par exemple en immunologie sur les mécanismes du virus du sida, se doit de dialoguer avec les travaux internationaux, écrits en anglais standard, des trois ou quatre dernières années. Quelle valeur peut donc bien avoir la clinique psychanalytique qui inlassablement fait retour aux textes de Freud, plus que centenaires ? Comment aborder et traiter l'hystérie aujourd'hui si la boussole des analystes est toujours fixée à un texte écrit en allemand en 1905 ? Les psychanalystes ne confondent-ils pas la recherche vivante en cours et l'histoire (épistémologique) des idées et concepts plutôt morte ? Ces remarques sont justes pour l'immunologie, la génétique ou la neuro-anatomie, pas pour la psychanalyse. Cette dernière ne fait pas pour autant de Freud une bible indépassable où tout aurait été dit et démontré. **La psychanalyse est d'abord freudienne et, pour les mécanismes psychiques inconscients, le temps de l'histoire, s'il a pu en modifier les formes concrètes qui se manifestent, n'a rien transformé quant aux causes qui les produisent.** Au contraire, des recherches veulent explicitement annuler la découverte freudienne soit en discréditant son inventeur (Freud malade sexuel projetant ses élucubrations privées sur la vie psychique de l'humanité), soit en lui substituant d'autres systèmes explicatifs (les théories cognitives et comportementales, par exemple). Ces déconstructions (souvent obscènes) trouvent, dans nos sociétés, des échos, y compris chez des cliniciens. D'où la nécessité d'un retour, à nouveau opéré, à Freud, qui permet de répondre à la question : pourquoi aujourd'hui ces critiques contre la psychanalyse trouvent-elles leurs auteurs et un public ? Parce que, d'abord, la pensée se paupérise, est moins exigeante et confond le scientisme de ces nouvelles explications avec les formes accomplies de la science ; parce que, ensuite, la psychanalyse ne plaît pas (et n'a jamais plu) aux maîtres qui veulent rêver (et nous faire rêver) d'un monde ouaté où tout est possible – sinon immédiatement, du moins prochainement. **La découverte freudienne** – en posant que le paradigme du rapport entre l'un et l'Autre, le rapport sexuel, ne peut être établi ; que la sexualité, ce n'est pas ça ; que le symptôme en est et la preuve et la tentative de continuer à vouloir y croire – **introduit un os radical dans toutes les pastorales du bonheur, du** *tout est simple*, **du** *visons le possible à portée de main*. Le réel de la psychanalyse fonde une politique de la liberté alors qu'il démontre que l'inconscient ne cesse d'être remuant, agissant, conditionnant ces actions que le sujet croit maîtriser et tenir en laisse !

Plaidoyer *pro domo*, dira le critique. Justement, revenons à la jeune Dora et à ce que sa brève analyse, interrompue par la patiente, découvre d'inouï. Aucun maître ne peut faire filer doux cette patiente. **Comment Freud conduit-il cette cure ?** Dora (de son vrai nom Ida Bauer – 1882-1945) est la fille d'un industriel du textile. Son frère Otto, plus âgé d'un an et demi, deviendra un leader du mouvement social-démocrate et ministre des Affaires étrangères. Dès huit ans, Dora avait présenté des « troubles nerveux » avec une suffocation respiratoire permanente. Elle multipliera ensuite les symptômes (dits de conversion) qui touchent au corps : dyspnée, toux nerveuse, aphonie, migraines, etc. Elle reprenait à son compte les maladies infectieuses habituelles de son frère. Lui commençait ces maladies, et elle, les finissait. Freud la rencontre une première fois en 1898 (elle a seize ans) pour une toux persistante avec enrouement. Il propose un traitement psychique qui est abandonné, car la crise disparaît spontanément. Il la revoit quand elle a dix-huit ans en 1900. Dora est devenue une belle jeune fille intelligente aux jugements indépendants, qui n'hésite pas à se moquer de l'impuissance des médecins à la guérir. **Elle est dépressive, présente des troubles du caractère (mécontente d'elle-même et des siens), un état de fatigue, un manque de concentration, et se coupe du commerce avec les autres.** Un jour, ses parents trouvent une lettre où elle menace de se suicider. Ils prennent peur et son père la conduit chez Freud. Que dégage l'analyse ? Le père de Dora, depuis de longues années, a une maîtresse, Mme K., qui s'occupe de lui pendant sa maladie (vénérienne, contractée avant son mariage). Sa femme n'est plus rien pour lui. M. K., le mari de Mme K., s'intéresse à Dora et lors d'une promenade au bord d'un lac lui fait une déclaration amoureuse où, lui aussi, lui déclare que sa femme n'est plus rien pour lui. Dora le prend mal, le gifle aussitôt et exige, auprès de ses parents,

de partir sans leur donner d'explication. Quelques jours plus tard, elle informe sa famille et demande à son père de cesser de voir M. K. et surtout Mme K. – ce qu'il refuse. M. K. nie les faits et critique Dora en en faisant une obsédée des choses sexuelles ayant tout inventé de cette scène. Le père de Dora fait sienne cette explication. Freud voit dans cet incident (avances amoureuses et affront de M. K.) le traumatisme psychique qui est la condition préalable à la formation de son état hystérique. Mais il faut plus pour rendre compte de son hystérie. Il est nécessaire d'aller puiser dans l'enfance des influences qui ont eu un effet analogue au trauma. Cette conception de la causalité du symptôme sort l'explication freudienne dans laquelle une imagerie tend à la confiner : un événement traumatique produirait mécaniquement la formation d'un symptôme. **La démonstration est plus retorse : il faut une série d'éléments, dont l'articulation est à préciser dans chaque cas, pour produire un symptôme.** Il en faut au moins deux : le second déclenche un mécanisme qui retrouve les traces psychiques antérieures refoulées et les ravive. **Il n'y a pas chez Freud de causalité univoque, mais justement une** *surdétermination* **causale.** Et chez Dora ? Quelques années auparavant, lorsqu'elle n'a que quatorze ans, M. K. se débrouille pour être seul avec elle et en profite pour la serrer contre lui et l'embrasser sur la bouche. Dora ressent un dégoût intense et s'enfuit. Elle ne parla à personne de cette première scène — sauf à Freud au cours d'une séance. Des symptômes apparaissent suite à ce baiser : 1. Elle mange de mauvais gré, a une légère aversion pour les aliments. 2. Elle sent une pression sur la partie supérieure du corps. 3. Enfin, elle évite de passer près d'un homme en conversation tendre avec une dame. Comment Freud interprète-t-il ces trois symptômes ? Le *dégoût* provient du refoulement de la zone érogène des lèvres (cette zone ayant déjà été mobilisée par le suçotement infantile). La *pression* est liée à la sensation de l'organe viril de M. K. sur son corps qui a dû provoquer une excitation du clitoris de Dora lors du baiser. Elle a été déplacée sur le thorax. L'*évitement phobique* traduit la crainte de se retrouver face à un homme en état d'excitation sexuelle. Il permet d'éviter l'affrontement à la perception refoulée.

Freud multiplie les questions, Dora lui répond, souvent du tac au tac, et rapporte deux rêves qui dénudent magistralement sa position subjective. L'analyse freudienne tourne autour de l'interprétation très détaillée de ces deux formations de l'inconscient. Dora livrera inauguralement ses reproches à l'endroit de son père, voulant ignorer l'attitude de M. K. face à elle afin de maintenir sa relation avec Mme K. Sa plainte est d'être quasiment prostituée à M. K. pour que son père continue sa liaison sexuelle. **Lacan, en 1951, dans sa lecture du cas, part de ce reproche initial pour déplier la logique inconsciente de la jeune patiente telle que la** *conduite de la cure* **par Freud la révèle dans sa** *dialectique*. Elle se produit en trois *développements de la vérité* ouvrant à des *renversements dialectiques*: 1. Freud refuse le mensonge hypocrite du père qui lui avait présenté Mme K. comme une simple amie. Il prend Dora au sérieux contre les mensonges familiaux et lui adresse (premier renversement dialectique): « Regarde quelle est ta propre part dans le désordre dont tu te plains ! » 2. La patiente s'adresse des auto-reproches parce qu'elle était devenue complice de cette relation, gardait les deux enfants des K., n'allait pas chez eux quand son père y était, etc. Dora ne veut pas ouvrir les yeux. La relation œdipienne la montre identifiée à son père. Pourquoi alors cette jalousie? Second renversement dialectique: cette jalousie recouvre un intérêt amoureux pour une autre personne que le père. 3. Son attachement fasciné est destiné à Mme K. dont elle est la confidente et qui lui livre un savoir sur les choses sexuelles. Le renversement dialectique produit cette découverte: Dora attribue à Mme K. le « mystère de sa propre féminité ». La question de Dora est: que veut une femme? Qu'est-ce qu'être objet de désir d'un homme? Mme K. incarne ces questions. Freud loupe ce point essentiel lorsqu'il rabat à maintes reprises le désir de sa patiente vers M. K. Il veut croire à une victoire de l'amour. Ah! si M. K. avait insisté auprès de Dora, espère-t-il, elle aurait fini par lui céder et reconnaître son propre amour. **Ne voulant pas voir le lien homosexuel de Dora à Mme K., Freud ne permet pas à ce troisième renversement dialectique d'ouvrir à un nouveau développement de la vérité. Freud s'est donc trompé? Oui, mais c'est de Freud que nous tenons cette conclusion de sa « faute technique », comme il dit; c'est sa conceptualisation qui nous permet de lire son erreur et d'y substituer une autre issue. Freud nous apprend à lire Freud!**

5

La névrose obsessionnelle

Dès les années 1894-1896, Freud établit de façon ferme l'étiologie des névroses : « Leurs symptômes survenaient par le mécanisme psychique de la *défense* (inconsciente), c'est-à-dire par la tentative de refouler une représentation inconciliable qui était entrée dans une opposition pénible avec le moi du malade. » Cette représentation touche au sexuel. Dans l'hystérie – ainsi le dégoût de Dora –, il y a une « expérience de passivité sexuelle ». Elle est « *trou*matisme » (Lacan). Par contre, **dans la névrose obsessionnelle, il y a prise de plaisir, participation éprouvée aux actes sexuels. C'est** *une « activité sexuelle » – elle est « tropmatisme » (Lacan).*

Le Dr Ernst Lanzer, étudiant en droit de vingt-neuf ans, est ce patient de Freud connu sous le nom emblématique de **« l'homme aux rats »**. Le récit de cette cure, publié en

1909, se noue dans l'opposition entre les deux personnes que ce patient chérit le plus : son père (mort quelques années auparavant) et son amoureuse Gisela Adler – celle que Freud nomme sa « dame » en référence probablement à la dame de l'amour courtois pour laquelle le chevalier écrit ses plus beaux poèmes et réalise ses plus vifs exploits conquérants. Lanzer voue, depuis de longues années, une passion amoureuse à sa dame. Il lui voue un « amour respectueux » – autrement dit, il l'aime, mais ne la touche jamais. L'usage de l'organe, il se le garde. Concrètement, « il a des rapports rares et à intervalles irréguliers. Les prostituées le dégoûtent. En général, sa vie sexuelle a été pauvre ; l'onanisme, à seize ou dix-sept ans, n'a joué qu'un rôle insignifiant. Sa puissance serait normale ; le premier coït a eu lieu à vingt-six ans ». Ce ne sera pas une cure facile. Le patient insulte Freud et sa famille, lui adresse des souhaits de mort, mais le travail se poursuit.

Lanzer souffre d'une névrose obsessionnelle grave, plutôt invalidante. **Freud est le véritable inventeur de cette névrose où des pensées régressivement remplacent des actes.** Ces pensées elles-mêmes se spécifiant d'être continuellement sexualisées. *Seule la sexualité est obsédante,* voilà l'axiome que la névrose obsessionnelle vérifie à chaque détour de la pensée. Si Freud publie ce cas, déplié dans tout

son long, c'est pour expliquer « les moyens dont se sert la névrose obsessionnelle pour exprimer ses pensées les plus secrètes [...] » – celles de l'inconscient. Par ce long texte, l'une de ses cinq grandes psychanalyses, Freud se propose de compléter et de continuer ses premiers exposés à ce sujet publiés en 1896 sous le titre *Nouvelles observations sur les psychonévroses de défense*. La névrose consiste en :

— des appréhensions : « Il craint qu'il n'arrive quelque chose à deux personnes qui lui sont très chères : à son père et [...] [à Gisela précisément] »,

— des « pulsions obsessionnelles, comme, par exemple, à se trancher la gorge avec un rasoir »,

— des « interdictions se rapportant à des choses insigni-fiantes ».

Cette dame l'obsède. Elle occupe sa pensée. Il la rumine. Il l'obsessionnalise à longueur de temps et les années passent : cela fait dix ans déjà que ce manège se poursuit.

Quelle fut la sexualité infantile de notre patient ? Dès sa deuxième séance, Lanzer rapporte un conflit qui date de ses tout premiers souvenirs : il a six ou sept ans. On y trouve des femmes et son père qui est « la personne qu'il chérissait le plus au monde ». Ce père dont il précise qu'« il eût renoncé à tout bonheur dans la vie s'il avait pu, par cela, sauver [sa] vie [...] ». Le petit Ernst est curieux, il jette des regards soutenus du côté des bonnes qui s'occupent de lui, il va sous leurs jupes s'user les yeux sur leurs *pudenda*; il a « une curiosité ardente et torturante de voir le corps féminin » : « Il me souvient encore de l'impatience extrême que j'éprouvais, au bain, à attendre que la gouvernante, dévêtue, entrât dans l'eau […] » Freud le note : « Nous voyons cet enfant sous l'emprise d'une composante de l'instinct sexuel, le voyeurisme, dont la manifestation, apparaissant à maintes reprises et avec une grande intensité, est le désir de voir nues des femmes qui lui plaisent. » **Comment expliquer l'obsession qui surgira plus tard, autrement dit, comment expliquer ce destin de névrosé obsessionnel ?** La réponse de Freud est claire : ce désir n'est pas seul. Il est accompagné de ce qui s'y oppose, de ce qui le contrarie, de ce qui l'interdit. « Cependant, il se forme déjà quelque part une opposition à ce désir, puisqu'un affect pénible accompagne régulièrement son apparition. Il est évident qu'il existe dans l'âme de ce petit sensuel un conflit ; car, à côté du désir obsédant, se trouve une crainte obsédante, intimement liée à ce désir : toutes les fois qu'il y pense, il est obsédé par l'appréhension qu'il n'arrive quelque chose de terrible. » Désirer sexuellement une femme — ici voir des femmes nues —, c'est aussitôt rendre possible un malheur terrible. **Désir obsédant et crainte obsédante sont inséparables.** Le désir est d'autant plus obsédant que la crainte, elle aussi, l'est et réciproquement. Désir et crainte s'alimentent : d'où l'intensité torturante des obsessions mentales. Que craint Lanzer ? Quel serait ce malheur terrible ? Freud décrypte son obsession : « Si j'ai le désir de voir une femme nue, mon père devra mourir », et ajoute : « L'affect pénible prend nettement le caractère d'inquiétante étrangeté, et fait naître, à ce moment déjà, des impulsions à faire quelque chose pour détourner le désastre, impulsions semblables aux mesures de défense qui se feront jour plus tard. » En ce point s'actualise la névrose : « Nous avons ainsi une pulsion érotique et un mouvement de révolte contre elle ; un désir (pas encore obsessionnel) et une appréhension à lui opposée (ayant déjà le caractère obsessionnel) ; un affect pénible et une tendance à des actes de défense. C'est l'inventaire complet d'une névrose. »

Toute la vie affective de Lanzer, son rapport au partenaire féminin, s'articulera dans cette opposition entre le père interdicteur ardemment aimé et ses choix amoureux. C'est le souhait inconscient de **la mort du père** que rumine l'obsessionnel – qui est le ressort de ses compulsions. Ainsi, premier exemple rapporté, « à l'âge de douze ans, il aimait une fillette [...], mais elle n'était pas aussi tendre avec lui qu'il l'aurait souhaité. L'idée lui vint alors qu'elle serait plus affectueuse pour lui s'il lui arrivait

un malheur; et la pensée s'imposa à lui que la mort de son père pourrait être ce malheur». Le résultat ne se fait pas attendre: aussitôt, le patient repousse énergiquement cette idée qui lui est terrifiante à énoncer. De même, deuxième exemple, «six mois avant la mort de son père, une pensée semblable lui avait traversé l'esprit comme un éclair. À cette époque, il était déjà amoureux de la dame en question, mais ne pouvait songer à une union pour des raisons pécuniaires. La pensée qui lui était venue à l'esprit était celle-ci: par la mort de mon père, je deviendrai peut-être assez riche pour l'épouser». La réponse surgit: «Il alla, en repoussant cette idée, jusqu'à souhaiter que son père ne laissât aucun héritage, afin que cette perte si terrible pour lui ne fût compensée par rien.» Troisième exemple: une idée lui vint «la veille de la mort de son père: je suis sur le point de perdre ce qui m'est le plus cher au monde». À cela, une pensée s'opposa: «Non, il est une autre personne dont la perte me serait encore plus douloureuse.» C'est sa dame.

Freud, entendant ces formulations, balaie les hésitations de Lanzer: **la mort du père n'est pas une crainte, mais un souhait du fils.** Il y a pour ce sujet la coexistence de l'amour, qu'il clame consciemment haut et fort, et de la haine, refoulée, inconsciente — «[...] c'est justement cet amour si intense qui est la condition du refoulement de la haine.» **Comment expliquer cette haine inconsciente?**

La réponse livre à Freud la logique inconsciente de la névrose obsessionnelle. D'abord, la constatation métapsychologique : « Il faut admettre que cette haine était liée à une cause qui la rendait indestructible. Ainsi, la haine du père

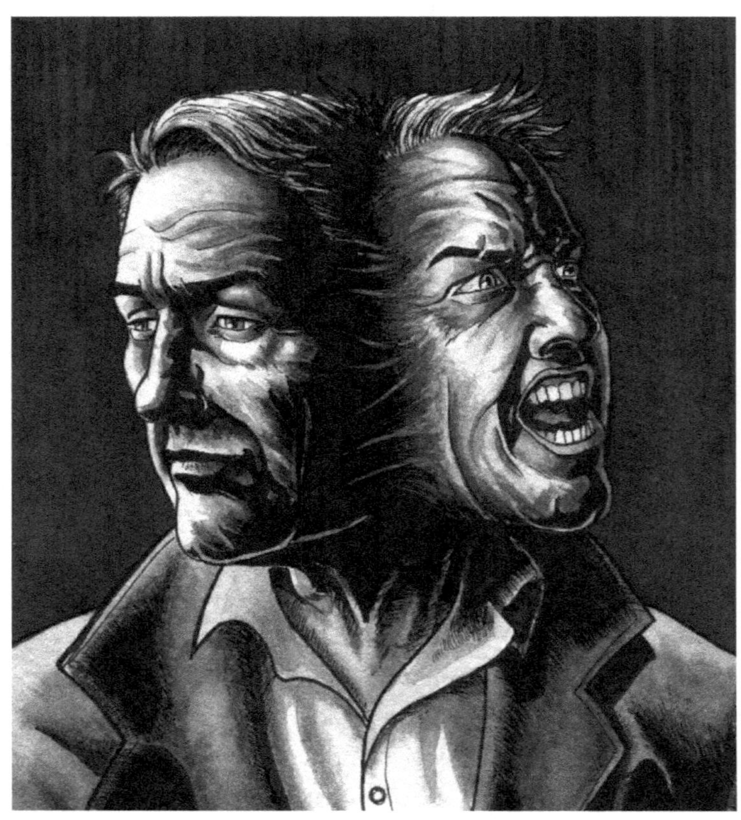

est, d'une part, protégée contre la destruction et, d'autre part, le grand amour pour ce même père l'empêche de devenir consciente. Il ne reste donc à cette haine que l'existence dans l'inconscient, dont elle peut pourtant resurgir, par instants, comme un éclair. » Ensuite, la raison structurale : « La source qui alimentait sa haine et avait rendu celle-ci inaltérable était évidemment de l'ordre des désirs sensuels ; dans l'assouvissement de ceux-ci, son père lui avait paru gênant. Un tel conflit entre la sensualité et l'amour filial est absolument typique. » D'où le souhait infantile toujours présent : « supprimer le père gênant ».

Cette conjonction de l'amour et de la haine avec ses souhaits mortels s'étend pour Lanzer à tous ses objets amoureux. Donc aussi et avant tout à la dame de ses pensées. Il l'avoue : « Il me dit alors se rappeler d'autres pulsions de vengeance, à l'égard de la dame pour laquelle il a cependant un amour plein de vénération, et dont il dépeint le caractère d'une manière enthousiaste. »

Ces repères permettent de saisir la fameuse « **scène de la pierre** » : « Le jour du départ de la dame, notre patient heurta du pied une pierre dans la rue. Il dut l'enlever de la route, ayant songé que, dans quelques heures, la voiture de son amie, passant à cet endroit, pourrait avoir un accident à cause de cette pierre. Quelques instants après il se dit que c'était absurde et dut retourner remettre la pierre au milieu de la route. » Cette scène est paradigmatique, car elle signe, « chez cet amoureux, [qu'] une lutte entre l'amour et la haine, éprouvés pour la même personne, fait rage ; et cette lutte s'exprime d'une façon plastique par un acte compulsionnel à symbolisme très significatif : il enlève la pierre du chemin de son amie, mais annule ensuite ce geste d'amour, en la remettant à sa place, afin que la voiture s'y heurte et que son amie se blesse. Nous aurions tort de considérer que la seconde partie de cette compulsion fut inspirée par le sens critique du malade. [...] Ce geste, étant accompli compulsivement, trahit par là qu'il faisait aussi partie de l'action pathologique, mais qu'il fut déterminé par un motif contraire à celui qui provoqua la première partie de l'action compulsionnelle ». La véritable signification de ces compulsions « réside dans le fait qu'elles expriment le conflit de deux tendances contradictoires et d'intensité presque égale, et qui sont [...] toujours l'opposition entre l'amour et la haine ». **Ces jeux entre amour et haine expliquent le rapport d'Ernst avec Gisela** – ce qui fait le ressort de leur vie depuis dix ans : « La dame avait repoussé la première demande en mariage que notre patient lui avait faite dix ans auparavant. Depuis, alternaient des périodes où il croyait l'aimer intensément, avec d'autres où, même consciemment, elle lui était indifférente. Dès que, au cours du traitement, il devait faire un pas pouvant le rapprocher du but de ses désirs, sa résistance se manifestait d'abord par le sentiment de ne pas tellement l'aimer au fond, sentiment qui s'évanouissait d'ailleurs rapidement. »

Freud explicite le cas en une formule-choc : « Son conflit morbide était, en effet, essentiellement une lutte entre la persistance de la volonté paternelle et ses propres sentiments amoureux. » Son père avait effectivement été, pour son fils, son meilleur ami. Tout les rapprochait sauf sur un point : les désirs sensuels d'Ernst. « Il est indéniable que, au domaine de la sensualité, père et fils fussent séparés par quelque chose et qu'à l'évolution précoce du fils, le père eût été un obstacle. » Une idée, venue au fils, lors de sa première satisfaction sexuelle dans un coït, l'atteste : « **Mais c'est magnifique !, pensa Lanzer, pour éprouver cela, on serait capable d'assassiner son père !** » C'est dans ce conflit, cette opposition entre la volonté supposée du père et le choix d'un objet sexuel, que réside l'explication des symptômes obsessionnels qui paralysent la vie du sujet et envahissent sa pensée en la sexualisant. « Son amour – ou plutôt sa haine – est vraiment tout-puissant : ce sont justement ces sentiments qui produisent les obsessions dont il ne comprend pas l'origine et contre lesquelles il se défend sans succès. » Et Freud de conclure : « C'est dans le refoulement de la haine infantile contre son père que nous voyons le processus qui entraîna dans la névrose tous les conflits ultérieurs de sa vie » – y compris et prioritairement son rapport au partenaire féminin : la dame vénérée et intouchée. **Père mort et dame idéalisée sont inséparables** – « leurs deux images se soutenant, dans une équivalence caractéristique […], l'une de l'agressivité fantasmatique qui la perpétue, l'autre du culte mortifiant qui la transforme en idole », écrit Lacan en 1953.

Le partenaire-symptôme de l'obsessionnel, c'est le père toujours restauré dans sa prestance, aussi bien par l'amour conscient que par la haine inconsciente. L'obsessionnel passe son temps, apparemment, à vouloir tuer ce père interdicteur, gêneur des désirs sexuels du fils. Ce qu'oublie l'obsessionnel c'est que le père nommé, le **père symbolique**, n'a pas à être tué puisqu'il est déjà mort et que c'est à ce titre de manquant qu'il peut opérer. C'est le père devenu Autre. Ce souhait de la mort du père se réduit à un simulacre de son meurtre – à une pantomime. En ne cessant de vouloir tuer le père, déjà mort, l'obsessionnel se voue, au contraire, à tenter de le sauver – à le vouloir increvable. Le père de l'obsessionnel n'est pas, au sens strict, le père mort, mais **le père qui n'en finit pas de mourir et sur lequel il s'acharne**, encore et encore – le père comme Autre mortifié. Qu'il l'aime et/ou qu'il le haïsse ne change rien à

"La religion serait la névrose obsessionnelle universelle de l'humanité; comme celle de l'enfant, elle serait issue du complexe d'Oedipe, de la relation au père" (Freud)
"La religion serait la névrose obsessionnelle universelle de l'humanité; comme celle de l'enfant, elle serait issue du complexe d'Oedipe, de la relation au père" (Freud)

l'affaire. Amour et haine ne sont que l'envers de la même pièce – la seule à sa disposition, la seule qu'il utilise dans ses échanges y compris et surtout amoureux.

La cure redonna à Lanzer goût à la vie et le libéra des formes les plus douloureuses de sa névrose. Il mourut en 1914 lors de la Grande Guerre, prisonnier dans un camp russe… Il avait épousé Gisela en 1910 après douze ans de cour intense.

6

La perversion

Nous l'avons déjà dit : la pulsion, parce que partielle, est perverse et le petit d'homme est un pervers polymorphe. Mais quid des pervers adultes – des pervers proprement dits ? Pour Freud, les attitudes, comportements, rituels, et autres passages à l'acte, qui manifestent les formes les plus surprenantes de la sexualité humaine, ne permettent pas d'établir le diagnostic de perversion. Autrement dit, la perversion est une position subjective et ne peut se déduire d'une série de pratiques observables. **Freud n'a eu de cesse de démontrer que seule la position subjective – précisément la *fiction du fantasme inconscient* – peut servir de boussole clinique.** Dans les années 1925-1927, il isole un mécanisme où le sujet dit non à la découverte de la castration maternelle et de la différence des sexes. C'est le *démenti* (= *Verleugnung*). Devant la diffé-

83

rence sexuelle qui fait rencontre du réel, le pervers est divisé. **Un courant psychique reconnaît la castration (maternelle), un autre la refuse.** Ce oui et ce non (à la castration) coexistent dans l'inconscient et rendent compte du paradoxe des positions perverses, notamment du désir fétichiste.

En 1908, Freud décrit l'effet de la découverte des organes génitaux féminins par le garçon : « Je suis convaincu […] qu'aucun enfant […] ne peut manquer d'être préoccupé par les problèmes sexuels dans les années d'avant la puberté. » Comment en est-il préoccupé et quelles réponses apporte-t-il ? Les enfants élaborent des « théories sexuelles » où se repère une première « poussée de savoir » : « La première de ces théories est liée au fait que sont négligées les différences entre les sexes. […] Cette théorie consiste à attribuer à tous les humains, y compris les êtres féminins, un pénis […] le pénis, déjà pour l'enfant, est la zone érogène directrice, l'objet sexuel auto-érotique primordial et la valeur qu'il lui accorde trouve son reflet logique dans l'incapacité où il est de se représenter une personne […] sans cet élément essentiel. » **Que produit la rencontre avec l'objet féminin ?** « Quand le petit garçon voit les parties génitales d'une petite sœur, ses propos montrent que son préjugé est déjà assez fort pour faire violence à la perception ; au lieu de constater le manque du membre, il dit régulièrement en guise de consolation et de conciliation : c'est que le… est encore petit ; mais quand elle sera plus grande, il grandira bien. La représentation de la femme au pénis réapparaît à nouveau, plus tard, dans les rêves d'adulte. » **L'enfant dit non à la castration** – ce non s'inscrit dans l'inconscient et fait retour dans des rêves (entre autres manifestations de l'inconscient) à l'âge adulte. La femme au pénis signe ce non adressé à la perception (visuelle) de la différence des sexes et de l'absence de pénis féminin. Cette trouvaille à propos de ce fantasme de la femme (mère) au pénis va expliquer la position fétichiste.

Freud cite plusieurs patients hommes « […] dont le choix objectal était dominé par un fétiche ». De ce **fétiche**, les patients ne se plaignaient nullement. Le fétiche n'a pas le statut du symptôme : « Il ne faut pas s'attendre à ce que ces personnes aient recherché l'analyse à cause du fétiche ; celui-ci, en effet, est bien reconnu par ses adeptes comme une anomalie, mais il est rare qu'on le ressente comme un symptôme douloureux. » Les patients ont consulté pour d'autres raisons que l'usage d'un fétiche. C'est seulement au cours du travail analytique qu'il a été découvert, et encore, de façon marginale. Les fétichistes ne se plaignent pas de leur fétiche pour une raison simple : « La plupart de ses adeptes en sont très contents ou même se félicitent des facilités qu'il apporte à leur vie amoureuse. » **Le fétiche ne pose pas problème**, même si le sujet admet son usage anomalique par rapport aux normes sexuelles courantes. Il ne fait pas complication parce qu'il a été choisi pour éviter des difficultés amoureuses ou sexuelles.

Quels sont le sens et la visée du fétiche? La réponse est valable dans chaque cas: « Je vais certainement décevoir en disant que le fétiche est un substitut du pénis. Je m'empresse donc d'ajouter qu'il ne s'agit pas du substitut de n'importe quel pénis, mais d'un pénis tout à fait particulier qui a une grande signification pour le début de l'enfance et disparaît ensuite. C'est-à-dire qu'il aurait dû être normalement abandonné, mais que le fétiche est justement là pour le garantir contre la disparition. Je dirai plus clairement que le fétiche est le substitut du phallus de la femme (la mère) auquel a cru le petit enfant et auquel, nous savons pourquoi, il ne veut pas renoncer. » **Le fétiche inscrit le maintien et l'abandon de la croyance que la femme a le phallus.** Si la négation de la castration féminine avait été complètement accomplie, l'érection d'un fétiche serait inutile. L'inconscient inscrirait cette affirmation: la femme a un phallus. Cliniquement, ce serait la psychose et une telle croyance pourrait faire retour dans le réel d'une hallucination. Ce n'est nullement le cas dans la perversion: la croyance est aussi abandonnée. La mise en place du fétiche, construit par déplacement, écrit: la mère a le phallus/la mère n'a pas le phallus. **Le fétiche est un retour du refoulé** et c'est par rapport au refoulement qu'il doit être compris : « […] cet intérêt est encore extraordinairement accru parce que l'horreur de la castration s'est érigé un monument en créant ce substitut. La stupeur devant les organes génitaux réels de la femme qui ne fait défaut chez aucun fétichiste demeure un *stigma indelebile* du refoulement qui a eu lieu. » **Le fétiche n'est pas un monument à la gloire de la mère phallique, c'est un monument à la gloire de l'horreur de la castration** – preuve donc que cette castration a été affirmée inconsciemment. « On voit maintenant ce que le fétiche accomplit et ce par quoi il est maintenu. Il demeure le signe d'un triomphe sur la menace de castration et une protection contre cette menace, il épargne aussi au fétichiste de devenir homosexuel en prêtant à la femme ce caractère par lequel elle devient supportable en tant qu'objet sexuel. » Le fétiche est une protection contre la castration dont il pourrait, lui le sujet, devenir la victime. En démentant la castration féminine, il produit le fantasme de la mère phallique d'où se détache le fétiche.

Freud le dit en une formule ramassée : « Il faut recommander instamment l'étude du fétichisme à tous ceux qui doutent encore de l'existence du complexe de castration […] » Le **démenti de la castration** est l'outil conceptuel pour saisir le rapport du sujet à son objet dans son fantasme inconscient comme soutien du désir pervers.

Voici un **premier exemple** de Freud : « Le cas le plus remarquable était celui d'un jeune homme qui avait érigé comme condition de fétiche un certain "brillant sur le nez". L'explication surprenante en était le fait qu'élevé dans une nursery anglaise, ce malade était ensuite venu en Allemagne où il avait presque totalement oublié sa langue maternelle. Le fétiche dont l'origine se trouvait dans la prime enfance ne devait pas être compris en allemand, mais en anglais ; le "brillant sur le nez" était en fait un "regard sur le nez" ; ainsi le nez était ce fétiche auquel, du reste, il pouvait à son gré octroyer ce brillant que les autres ne pouvaient percevoir. » L'exemple est d'autant plus remarquable qu'il est basé sur un calembour translinguistique. En effet, en allemand, *brillant* se dit *Glanz* ; *glance* en anglais désignant le *regard* (allemand : *Blick*). Ce jeune homme, qui baigna durant ses premières années dans la langue anglaise, se trouve avoir élu, à son insu, pour fétiche, un *brillant (Glanz)* sur le nez qui n'est autre que ce *regard (glance)* porté inauguralement sur la castration féminine (maternelle) radicalement intolérable. Le nez s'est trouvé instauré comme *ersatz* (symbole) du pénis maternel absent. Le nez, dans ce cas, aura été ce qui s'inscrit sur l'image ultime qui précède le surgissement de la castration maternelle et sur laquelle le regard s'est déplacé puis fixé durablement – l'anatomie de l'organe nasal, sa

proéminence, offrant un support matériel privilégié pour son élection à cet usage. **Ce nez brillant tout à la fois couvre et par là révèle ce qu'il cache : le sexe féminin aphallique.** *Glanz auf der Nase* est un souvenir-écran qui fait retour, par déplacement, à partir du *glance at the nose* qui, lui, fut refoulé. Dans l'analyse du patient, à partir de ses associations, Freud découvre sa constitution par ce passage de l'anglais à l'allemand : le glissement (métonymique en suivant les éléments contigus de la chaîne signifiante) s'est fait, par homophonie, à partir de deux mots qui, écrits, ne diffèrent que par deux lettres : *Glanz/glance*.

Ce *brillant*, érigé en fétiche, est attribué par le sujet : il n'est pas déjà pris dans une clinique du visible et de l'évidence − comme dit Freud : ce « brillant, les autres ne pouvaient le percevoir ». Le gain pour le sujet, dans sa vie amoureuse et sexuelle, est notable. C'est pour lui un secret, tenu à l'abri des autres, qui lui apporte, au moment voulu, de notables facilités : il est condition (au sens de cause) de sa pratique sexuelle. Il fait, grâce à son fétiche invisible (sauf pour lui), l'économie de singuliers efforts − ces efforts qui accaparent voire épuisent le névrosé ligoté par ses symptômes. Comme le note Freud : « Le fétiche […] est facilement abordable, la satisfaction sexuelle qui y est attachée est aisée à obtenir. » Ce fétiche, à partir d'un blocage sur une image prélevée dans la scène primitive, se constitue comme monument de cette castration maternelle vers laquelle cet enfant lorgna d'un peu trop près. **Par son fétiche, ce sujet bouche le manque de l'Autre maternel. Il constitue une mère** *toute*, imaginarisée en *mère phallique*. Ce brillant – inséparable d'un jeu de reflets : ombres et lumières – éblouit plus qu'il n'éclaire. Au moment où surgit l'horreur de la castration, où la réalité insupportable se manifeste, le sujet paniqué se détourne, aveuglé, et fixe son regard sur le… nez : il y a eu démenti de la représentation. Le fétiche sera devenu cet objet signe qui simultanément inscrit l'affirmation et la négation de la castration maternelle. Dans cette vignette, cet homme s'est identifié au phallus de la mère et c'est comme phallus qu'il s'offre pour compléter l'Autre féminin. **Par son fétiche, les femmes lui sont devenues sexuellement possibles.**

Voici un **second exemple** : c'est le cas d'un homme « […] dont le fétiche était une gaine pubienne qu'il pouvait aussi porter comme slip de bain. Cette pièce vestimentaire cachait totalement les organes génitaux, donc la différence entre les organes génitaux. Selon les documents de l'analyse, cela signifiait aussi bien ou que la femme était châtrée ou qu'elle n'était pas châtrée et cela permettait par surcroît de supposer la castration de l'homme, car toutes ces possibilités pouvaient parfaitement se dissimuler derrière la gaine dont l'ébauche était la feuille de vigne d'une statue vue dans l'enfance. Naturellement, un tel fétiche doublement noué à des contraires est particulièrement solide ». La même analyse que pour le cas précédent est valable. Mais ce cas, outre qu'il permet de questionner le transvestisme, présente une identification différente du sujet : il n'est pas identifié au phallus (de la mère), mais à la mère elle-même supposée posséder un phallus caché sous ses vêtements (= sous la gaine).

Enfin, il existe une possibilité pour le pervers de s'identifier au père imaginaire pensé comme l'auteur de la castration de la mère et des s urs. Freud en voit une exemplification dans l'attitude du coupeur de nattes asiatique : « Son acte concilie deux affirmations incompatibles : la femme a conservé son pénis et le père a châtré la femme. »

Ces trois identifications possibles du pervers découlent du fantasme de la mère phallique comme conséquence du démenti de la castration. Dans tous les cas, on y repère une féminisation qui résulte de ce face-à-face avec la mère et les innombrables jeux de doubles miroirs qui s'y développent.

Mais la perversion, selon Freud, n'est pas une oasis de plaisir où la sexualité irait de soi et dont le traumatisme serait exclu. Une cure de névrosé ne produit pas un gentil pervers. Au contraire. En 1938, dans son dernier article (resté inachevé), il insiste sur le prix inconscient que paye le pervers à jouer ce jeu du démenti. Il n'en est pas quitte avec la castration qui continuera à être agissante : « […] dans tout ce va-et-vient entre le démenti et la reconnaissance, c'était quand même la castration qui avait trouvé une expression plus distincte […] » Par rapport au névrosé, le pervers (fétichiste) réussit son coup grâce à son fétiche, mais il est toujours soumis au lever de rideau possible, soit au surgissement, non contrôlable, de la rencontre avec la castration féminine. Le fétiche et son dispositif sophistiqué s'écroulent tel un château de cartes – le voile se déchire. Le réel, à se manifester, provoque l'horreur enclenchant, comme ce fut le cas lors de la construction du fétiche, le délogement hors de soi. Voilà ce qui ne passe pas chez le pervers – et que les névrosés surmontent : le retour de ce tremblement signant ce qui, pour lui, demeure l'inassimilable de la castration féminine. Nul sujet humain ne peut éviter la rencontre : elle est toujours possible même pour le pervers pourtant rempardé pour l'annuler. À se produire, la panique du pervers, à la différence du névrosé (symptôme et fantasme lui servant de

"Ce qui caractérise toutes les perversions, c'est qu'elles méconnaissent le but essentiel de la sexualité, c'est à dire la procréation"   (Freud)

démontre son fiasco. Comme le dira Lacan, la perversion, c'est du chiqué !

Une dernière question se pose. Pourquoi la perversion est-elle généralement l'apanage des hommes ? L'homme est le sexe faible quant à la structure perverse. La raison est de structure. Elle tient à la position de la fille dans le complexe de castration : « Il en va autrement pour la petite fille. D'emblée elle a jugé et décidé. Elle a vu cela, sait qu'elle ne l'a pas et veut l'avoir. [...] Elle remarque le grand pénis bien visible d'un frère ou d'un camarade de jeu, le reconnaît tout de suite comme la réplique supérieure de son propre petit organe caché et dès lors elle est victime de l'envie du pénis *(Penisneid).* » Cette position structurale la conduit plutôt vers la névrose et vers la demande adressée à un homme – dans laquelle se retrouvera l'équation symbolique : pénis = enfant. **Les hommes, telle est la leçon freudienne, ont encore de beaux jours avec les voies perverses du désir.**

7

La psychose

Il est encore courant d'entendre que la psychanalyse n'est pas conseillée dans les cas de psychose. Certains cliniciens (indifféremment psychiatres, médecins ou psychologues réunis pour l'occasion) veulent bien admettre qu'elle n'est pas sans efficience dans les névroses, mais de là à faire appel à elle dans des cas avérés (et a fortiori lourds) de psychose, voilà le pas qu'ils refusent de franchir. La folie doit rester de la seule prérogative des médecins et, si un psychanalyste est de formation médicale, c'est justement avec les psychotiques qu'il doit redevenir le psychiatre qui prescrit les médicaments et assure l'hospitalisation. Pourquoi cette prérogative purement médicale ? La réponse est de bon sens : la psychose a, selon eux, une causalité organique. Le dispositif de parole n'est pas refusé. Il doit servir, au mieux, à un accompagnement pour supporter ce qui ravage le malade. La psychanalyse est alors un complément thérapeutique, un soutien psychique dans le cadre du cabinet ou de l'hôpital psychiatrique. Autant le binôme hystérie/psychanalyse semble aller de soi, autant celui qui noue psychose et psychanalyse apparaît problématique. À leur tour, les formes récentes de la psychiatrie ne font que rendre vain ce binôme. Avec le DSM (Diagnostic and Statistical Manual of Mental Disorders) qui est un classement international des maladies mentales, elles tentent d'annuler les théorisations spécifiques, au cas par cas, pour atteindre à une universalité des troubles (disorders) mentaux valables sur toute la surface de la planète et pour toutes les populations. Le DSM procède par méthode inductive appliquée au consensus syndromique. La substitution du syndrome (= étude des troubles) à la nosologie (= étude des maladies) signe cette disparition de la clinique au profit de la santé rapportée à une norme et réduite à une série d'items (= « repérage statistique de régularités d'occurrences des signes pathologiques, avec un degré de précision aussi grand que possible quant aux syndromes ainsi différenciés », comme l'écrit un rapport de l'Inserm).

Contrairement à ces affirmations qui substituent à la clinique le terme moralisant et statistique de *santé*, la psychanalyse pose une autre hypothèse : **il y a une *causa-***

***lité psychique* y compris pour la psychose.** Cette causalité n'exclut ni les apports médicamenteux psychiatriques qui procurent un confort certain, ni l'hospitalisation, parfois indispensable, des psychotiques. **La psychanalyse ne s'oppose pas aux hôpitaux et à l'enfermement ;**

elle repense ce qui s'y pratique. En 1967, Lacan a pu affirmer que la psychanalyse était l'avenir de la psychiatrie. Le psychanalyste a sa place à l'hôpital. Freud lui-même a une théorie précise de la folie que son fameux article de 1911, « Remarques psychanalytiques sur un cas de paranoïa (*dementia paranoides*) décrit sous forme autobiographique », systématise. Cet article, l'une de ses cinq grandes psychanalyses, est consacré à un volumineux livre écrit par un éminent magistrat de cour d'appel, le Président Schreber, devenu le cas le plus célèbre de la psychiatrie. **Daniel Paul Schreber** (1842-1911) écrit son livre en 1903 ; ce n'est qu'en septembre 1910, lors d'un voyage en Sicile avec son disciple Ferenczi, que Freud veut le commenter pour en tirer une théorie de la paranoïa.

Que découvre Freud dans cette lecture ?

La forclusion

Pour Freud, trois mécanismes psychiques inconscients définissent les trois structures cliniques que sont la névrose, la perversion et la psychose. Le premier est le refoulement, le deuxième le démenti, le troisième est la *forclusion*. **Ce dernier terme traduit le mot freudien de *Verwerfung* qui rend compte de la causalité psychique pour la**

psychose. Nous devons cette traduction à J. Lacan qui, en 1955-1956, commente, dans son Séminaire, l'article de Freud et le livre de Schreber. Dans un autre écrit (daté de 1918), consacré à l'« Homme aux loups », Freud décrit les faits suivants : à l'âge de cinq ans, ce petit garçon, assis sur un banc à côté de sa bonne, a une hallucination. Il voit son petit doigt coupé en deux, ne ressent aucune douleur. Il éprouve une grande angoisse. Il finit, sans bouger, par se calmer et il découvre alors que son doigt est parfaitement indemne. Freud commente cette expérience en disant que l'enfant n'a pas refoulé l'insupportable de la castration (= présentifiée par cette coupure) parce qu'« il n'en voulut rien savoir au sens du refoulement ». Le refoulement, en effet, est une symbolisation. Le contenu de la représentation disparaît de la conscience en se maintenant dans l'inconscient comme indestructible. La chaîne inconsciente conserve ce refoulé qui, tôt ou tard, fera retour, à la manière d'un prisonnier disparu de la cour toujours enfermé dans les oubliettes du château. Ce dont l'« Homme aux loups » enfant fait l'expérience est d'une autre nature : **la représentation n'est pas refoulée ; elle n'est donc pas symbolisée et elle fait retour dans le réel.** Ce n'est pas une projection ; il y a un rejet, un retranchement de la représentation psychique — **il y a forclusion de la castration. Freud précise : « Aucun jugement n'était à proprement parler porté par là**

sur son existence [= la castration], mais ce fut tout comme si elle n'existait pas. » L'hallucination est un phénomène élémentaire de la psychose. Elle surgit en ce point où dans l'inconscient rien ne répond, permettant une symbolisation. L'hallucination (psychotique) ne provient pas d'un trouble organique qui fausserait le fonctionnement de l'appareil de la perception, mais d'un mécanisme essentiellement psychique.

Qu'est-ce qui est forclos chez Schreber? Lisant Freud, Lacan répond que la forclusion porte sur un signifiant déterminé − celui qui fait tenir l'organisation psychique. **C'est le Nom-du-Père en tant qu'il est ce signifiant qui inscrit la loi dans le langage.** « De quoi s'agit-il quand je parle de *Verwerfung* ? Il s'agit du rejet d'un signifiant primordial dans les ténèbres extérieures, signifiant qui manquera dès lors à ce niveau. Voici le mécanisme fondamental que je suppose à la base de la paranoïa. Il s'agit d'un processus primordial d'exclusion d'un dedans primitif, qui n'est pas le dedans du corps, mais celui d'un premier corps de signifiant. »

Au moment où Schreber va recevoir une promotion rare, où le signifiant de cette nomination surgit, **son monde environnant ne tient plus le coup.** Il se déconstruit. Un jour, logeant avec sa femme dans une chambre de la maison de sa mère, il entend des bruits bizarres à l'intérieur des murs. Il tente une explication rationnelle. Toutes ses hypothèses tombent à l'eau. Reste ceci : un bruit dans les murs demeure inexpliqué. C'est une hallucination auditive qui prouve cette déconstruction. Ce n'est que le début. Schreber fait l'épreuve d'un véritable anéantissement subjectif qui va en s'aggravant. Ce qui n'a pas été symbolisé (= avoir l'usage du signifiant du Nom-du-Père présentifié par ce nouveau titre de président de cour d'appel) fait retour dans le réel, démolissant ce qui le faisait tenir comme homme, mari, magistrat, docteur en droit, etc. La forclusion permet donc de spécifier la structure clinique de la psychose. **Avec cette boussole première, le psychanalyste n'est plus démuni devant la psychose** – il ne recule pas. Au contraire, découvrant ce qui conditionne la psychose, il a les repères pour la clinique concrète avec des sujets psychotiques. Psychose et psychanalyse ne s'excluent plus.

Le délire comme tentative de guérison

Le monde subjectif de Schreber, suite au déclenchement de sa folie provoquée par cette nomination prestigieuse, a volé en éclats. Schreber reste-t-il démuni ? Consent-il à cet anéantissement Frent ? Va-t-il se contenter de cette énigme qui le laisse perdu ? La réponse est non. Schreber élabore un délire systématisé et rigoureux – celui que justement son livre, de près de quatre cents pages, consigne. **Son délire est donc une réponse.** Cette thèse peut surprendre, car le délire est inquiétant et signe une avancée clinique grave et peu prometteuse. Il y a des thérapies qui veulent éradiquer le délire, et nombre de médicaments s'y emploient. Le délire n'est pas supprimé, seulement contenu. Pareille orientation oublie à quoi sert le délire pour Schreber (comme pour tout sujet psychotique). Il ne s'agit pas, pour la psychanalyse, d'aggraver le délire – de s'y complaire voire de délirer avec le malade. Il s'agit d'en repérer la place et la fonction : « **Le délire est une tentative de *guérison*** », dit Freud. Par son délire, le psychotique tente, dans la solitude, de réordonner son monde, de faire front à l'anéantissement qui lui tombe dessus. **Le délire de Schreber développe une transformation corporelle à laquelle il va consentir : devenir la *femme de Dieu à la demande de Dieu lui-même*.** Le Dieu de Schreber est un Dieu particulier. Ce n'est pas le Dieu de l'amour et de la miséricorde ; c'est un Dieu qui, pour sa propre jouissance, exige cette transformation du corps de Schreber. « Depuis lors, c'est en pleine conscience que j'ai inscrit sur mes étendards le culte de la féminité, et désormais je m'y tiendrai autant que me permettront les égards dus à mon entourage, et quoi que puissent penser les gens à qui échappent les considérations de l'ordre du surnaturel. Je serais curieux qu'on me montre quelqu'un qui, placé devant l'alternative ou de devenir fou en conservant son habitus masculin, ou de devenir femme, mais saine d'esprit, n'opterait pas pour la deuxième solution. » Devenir femme avec la rétraction de ses organes virils à l'intérieur du corps lui permettra d'être la femme de Dieu et de donner naissance à une nouvelle race d'hommes. Devenu femme, il éprouvera un état de jouissance, de volupté et de béatitude qu'aucun être vivant n'a pu connaître : « […] Dieu exige un état constant de jouissance, comme étant en harmonie avec les conditions d'existence imposées aux âmes par l'ordre de l'univers. »

Schreber fait l'expérience qu'en touchant son corps, il le sent fait de nerfs féminins portés sur la jouissance voluptueuse – preuve que sa transformation a eu lieu : « Lorsque j'exerce une légère pression sur l'une quelconque des parties de mon corps, je sens sous la surface cutanée une texture faite de filaments ou de cordons […]. En exerçant sur cette texture une pression, je puis me procurer une sensation de volupté de l'ordre de celle de la femme, surtout si je pense en même temps à quelque chose de féminin. » Ces descriptions sont les parties les plus riches du délire schrebérien. Freud expliquera cette proximité entre béatitude et volupté par les jeux signifiants qui rapprochent, en allemand, les deux mots : « Cette sexualisation surpre-

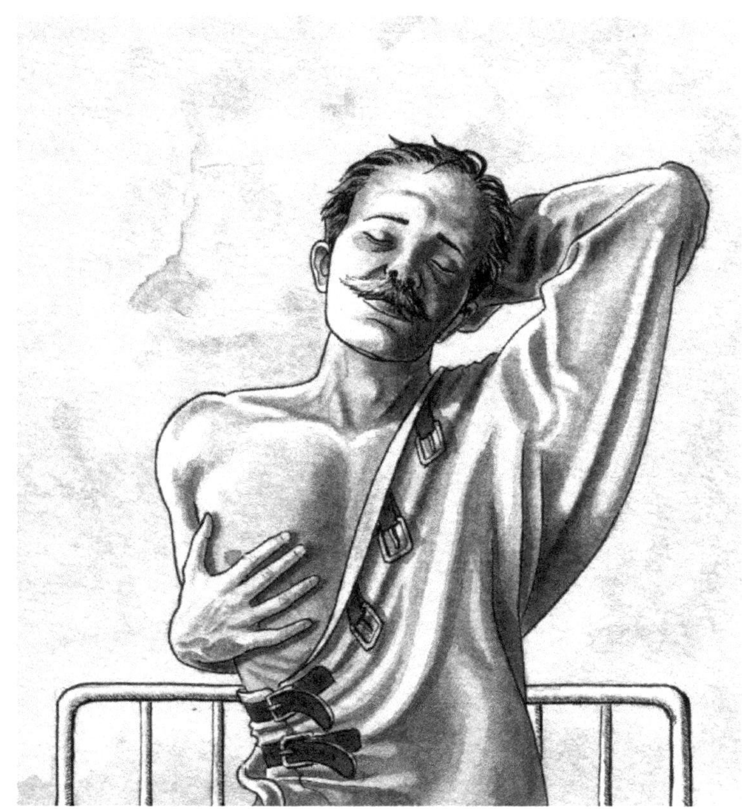

nante de la béatitude céleste nous donne l'impression que chez Schreber le concept de béatitude pourrait être né de la condensation de deux significations principales du mot allemand : défunt et heureux par les sens. » On a souvent reproché à Lacan de jouer sur les mots et d'y décrypter les mécanismes de l'inconscient défini comme un langage. Cette annotation de Freud à propos de *défunt* et *heureux* précise que Lacan, certes, lit Freud avec les outils de la linguistique saussurienne, mais qu'il ne lit que ce que Freud a explicitement découvert !

On note dans ce délire un *pousse-à-la-femme* selon l'expression de Lacan. « Aux moments de l'approche, ma poitrine peut convaincre n'importe qui de la présence de seins relativement bien développés. » Il ajoute en s'offrant à la constatation de l'expertise scientifique : « Je me tiens à tout moment à soumettre mon corps à tout examen médical que ce soit, pour que puisse être vérifié si mes allégations sont exactes, selon lesquelles mon corps tout entier est parcouru des pieds à la tête de nerfs de la volupté, comme cela ne se rencontre que s'agissant d'un corps de femme adulte [...] » Devenir femme dans son délire, avec sa puissance de certitude, a un effet immédiat : « C'est la seule façon pour moi d'accéder pendant la journée à une condition corporelle supportable, et de trouver la nuit – du moins dans une certaine mesure – le sommeil réparateur nécessaire à mes nerfs ; une *intense volupté* – cela est sans doute également bien connu de la médecine – *débouche en effet sur le sommeil*. En m'en tenant à cette ligne de conduite, je sers l'intérêt bien compris des rayons et donc de Dieu lui-même. » Cette acceptation à se transformer en femme ne s'est pas faite sans conflit ni lutte contre ce Dieu qui lui provoque des miracles dans le corps occasionnant des douleurs insupportables. Il y a combat et Schreber opte pour ce choix : « [...] *à la recherche d'un compromis raisonnable*, il ne me restait plus qu'à me faire à cette idée d'être transformé en femme. »

La psychanalyse, grâce à Freud, a son mot à dire à propos des psychoses. Elle a à déplier les solutions qui privilégient les inventions et les solutions, même très modestes et provisoires, des psychotiques pour parvenir à un apaisement, une stabilisation, voire une suppléance à cette forclusion du Nom-du-Père qui, chez Schreber, fait retour dans le réel sous la forme terrible de ce Dieu qui veut et exige sans fin. **C'est peut-être avec la clinique des psychoses, y compris dans ses formes les plus dures comme l'autisme, que la psychanalyse est la plus inventive, la plus déterminée.**

8

La guerre

QUE FAIRE DE CES RÉSULTATS INOUÏS DÉCOUVERTS PAR FREUD sur le savoir clinique de la psychanalyse et que nos sept chapitres précédents ont dépliés ? Certes, ils sont destinés prioritairement à la cure et aux traitements qui s'en déduisent. Est-ce tout ? Non. Il y a chez Freud une approche de ce qui fait **malaise dans la civilisation** et non plus seulement malheur privé. Pour conclure, nous isolerons ce qu'il dit sur la guerre – cette guerre qui vit ses s urs mourir dans les camps de concentration et l'obligea à fuir l'Autriche pour l'Angleterre. **En 1932, Freud dialogue avec le physicien Albert Einstein sur *Pourquoi la guerre?*** Pourquoi ces millions de morts depuis la nuit des temps où l'horreur de la mort le dispute aux atrocités commises dans et pour la destruction ? Peut-on enfin en finir avec la guerre ? Si oui, comment la supprimer ? Freud, pour répondre, pose

A Albert EINSTEIN

la violence comme au fondement du lien social: « Les conflits d'intérêts surgissant entre les hommes sont donc, en principe, résolus par la violence. Ainsi en est-il dans tout le règne animal, dont l'homme ne saurait s'exclure. [...] À l'origine, dans une horde restreinte, c'est la supériorité de la force musculaire qui décidait ce qui devait appartenir à l'un, ou quel était celui dont la volonté devait être appliquée. » La violence n'est pas seconde, elle n'est pas une solution parmi d'autres, c'est la réponse princeps – celle qui est inéliminable. Les instruments, les armes, les savoirs guerriers ne seront historiquement que des moyens seconds pour amplifier cette violence. Le droit lui-même qui est réponse sociale à cette violence aveugle en découle: le passage au droit résulte du « fait que l'on peut rivaliser avec un plus fort par l'union de plusieurs faibles. "L'union fait la force." La violence est brisée par l'union, la force de ces éléments rassemblés représente dès lors le droit, par opposition à la violence d'un seul. Nous voyons donc que le droit est la force d'une communauté ». Le droit, pour Freud, n'exclut pas la violence – il est violence en acte: « [...] ce n'est plus la violence de l'individu qui triomphe, mais celle de la communauté. » Ces remarques expliquent pourquoi **Freud ne croit pas à une organisation sociopolitique qui pourrait supprimer la possibilité de la violence et donc de la guerre, dont elle est forme sociale.**

À propos du bolchevisme russe, il note : « Il semble donc que la tentative consistant à remplacer la puissance matérielle par la puissance des idées se trouve, pour le moment encore, vouée à l'échec. On commet une erreur de calcul en négligeant le fait que le droit était, à l'origine, la force brutale et qu'il ne peut encore se dispenser du concours de la force. »

Freud renchérit sur l'affirmation d'Einstein qu'il y aurait chez les hommes un principe actif de destruction, d'imposition de la mort. Il reprend ses fameuses thèses sur **Éros** et **Thanatos**. « Nous admettons que les pulsions de l'homme se ramènent exclusivement à deux catégories : d'une part celles qui veulent conserver et unir ; nous les appelons érotiques [...] d'autre part, celles qui veulent détruire et tuer ; nous les englobons sous les termes de *pulsion agressive* ou *pulsion destructrice*. » **Freud se démarque de toute croyance en des lendemains qui chantent**, lorsqu'il affirme qu'Éros et Thanatos ne peuvent être séparés : « Or il semble qu'il n'arrive guère qu'une pulsion de l'une des deux catégories puisse s'affirmer isolément ; elle est toujours "liée", selon notre expression, à une certaine quantité de l'autre catégorie, qui modifie son but, ou, suivant le cas, lui en permet seul l'accomplissement. » La conclusion tombe – radicale : « [...] l'on ferait œuvre inutile à prétendre

"La Société des Nations ne dispose pas d'une force à elle et ne peut
en obtenir que si les différents états la lui concèdent. Et il y a peu
d'espoir, pour le moment, que la chose se produise."
Sigmund Freud, 1932.

supprimer les penchants destructeurs de l'homme. » Faut-il alors s'en accommoder, ne jamais les limiter ? La thèse freudienne serait-elle d'un cynisme qui lui fait admettre le pire jusqu'à s'en détourner pour le laisser réaliser son pouvoir de mort ? La découverte psychanalytique serait-elle, à ce point, au service actif de la mort ? Ce n'est nullement la position freudienne. Affirmer Thanatos ne signifie pas s'y soumettre ou l'amplifier. Quelle est l'issue proposée par Freud pour répondre à Einstein ? « [...] depuis des temps immémoriaux, l'humanité subit le phénomène du développement de la culture. [...] C'est à ce phénomène que nous devons le meilleur de ce dont nous sommes faits et une bonne part de ce dont nous souffrons. » Oui, **Freud fait réponse par la culture (le terme allemand de *Kultur* est parfois traduit par *civilisation*) à la mort**. La thèse est affirmée avec une détermination intacte : « [...] peut-être n'est-ce pas une utopie que d'espérer dans l'action de ces deux éléments – la conception culturelle et la crainte justifiée des répercussions d'une conflagration future – pour mettre un terme à la guerre, dans un avenir prochain [...] nous pouvons nous dire : tout ce qui travaille au développement de la culture travaille aussi contre la guerre. » La psychanalyse – sa théorie, sa pratique clinique –, parce que explicitement intégrée au champ de cette culture, est, elle aussi, travail contre la mort. Affirmant un monde travaillé par le réel de Thanatos, elle fait œuvre et de réponse et de dessillement d'un monde souvent pensé comme un paradis possible. **Oui, la pulsion de mort est là, inéliminable, et la culture y fait réponse.** Les deux coexistent. Notre monde, effectivement, *n'est pas sans réel.*

Références freudiennes

Les textes de Freud, désormais tombés dans le domaine public, sont disponibles en français dans différentes traductions. Celles des *Œuvres complètes*, parues aux PUF, ne font pas l'unanimité chez les psychanalystes. Les traductions éditées chez Gallimard et au Seuil sont à privilégier, mais certains articles techniques ne sont disponibles qu'aux PUF.

INTRODUCTION

Sigmund Freud présenté par lui-même (1925), Paris, Gallimard, coll. « Folio-essais », n° 54, 1984.

JONES (Ernest), *La Vie et l'œuvre de Sigmund Freud* (1953-1957), tome I : *Les Jeunes Années (1856-1900)*, tome II : *Les Années de maturité (1901-1919)*, tome III : *Les Dernières Années (1919-1939)*, Paris, PUF, coll. « Quadrige », 2006.

LE TRANSFERT

Lettres à Wilhelm Fließ (1887-1904), édition complète, Paris, PUF, 2006.

FLIEß (Wilhelm), *Les Relations entre le nez et les organes génitaux féminins présentés selon leurs significations biologiques* (1897), Paris, Éditions du Seuil, 1977.

« Remarques sur l'amour de transfert » (1914), in *La Technique psychanalytique*, Paris, PUF, coll. « Quadrige », 2010.

L'INCONSCIENT

L'Interprétation du rêve (1900), Paris, Éditions du Seuil, 2010.

La Psychopathologie de la vie quotidienne (1904), Paris, Gallimard, coll. « Folio-essais », n° 530, 1997.

« L'inconscient » (1915), in *Métapsychologie*, Paris, Gallimard, coll. « Folio-essais », n° 30, 1968.

LA SEXUALITÉ

Trois essais sur la théorie sexuelle (1905-1924), Paris, Gallimard, coll. « Folio-essais », n° 6, 1987.

« Pulsion et destins des pulsions » (1915), in *Métapsycho-logie*, Paris, Gallimard, coll. « Folio-essais », nº 30, 1968.

Nouvelles conférences d'introduction à la psychanalyse (1933), XXXIIᵉ Conférence « Angoisse et vie pulsionnelle », Paris, Gallimard, coll. « Folio-essais », nº 126, 1984.

L'HYSTÉRIE

En collaboration avec BREUER (Joseph), *Études sur l'hys-térie* (1895), Paris. PUF, 2010.

« L'étiologie de l'hystérie » (1896), in *Névrose, psychose et perversion*, Paris, PUF, 1973.

« Dora. Fragment d'une analyse d'hystérie » (1905), in *Cinq psychanalyses*, Paris, PUF, coll. « Quadrige », 2008.

LA NÉVROSE OBSESSIONNELLE

« Nouvelles remarques sur les psychonévroses de défense » (1896), in *Névrose, psychose et perversion*, Paris, PUF, 1973.

L'Homme aux rats. Journal d'une analyse (1907), Paris, PUF, 1974.

« L'Homme aux rats. Remarques sur un cas de névrose de contrainte » (1909), in *Cinq psychanalyses*, Paris, PUF, coll. « Quadrige », 2008.

LA PERVERSION

« Quelques conséquences psychiques de la différence anatomique entre les sexes » (1925); « Le fétichisme » (1927), in *La Vie sexuelle*, Paris, PUF, 2009.

« Le clivage du moi dans le processus de défense » (1938), in *Résultats, idées, problèmes. Tome II*, Paris, PUF, 1985.

LA PSYCHOSE

SCHREBER (Daniel Paul), *Mémoires d'un névropathe, avec des compléments et un appendice sur la question: « À quelles conditions une personne jugée aliénée peut-elle être maintenue dans un établissement hospitalier contre sa volonté évidente ? »* (1903), Paris, Éditions du Seuil, 1975.

« Le Président Schreber. Remarques psychanalytiques sur un cas de paranoïa *(dementia paranoides)* décrit sous forme autobiographique » (1911), in *Cinq psychanalyses*, Paris, PUF, coll. « Quadrige », 2008.

Lacan (Jacques), *Le Séminaire. Livre III. Les Psychoses (1955-1956)*, Paris, Éditions du Seuil, 1981.

La guerre

Le Malaise dans la civilisation (1930), Paris, Éditions du Seuil, coll. « Essais », n° 630, 2010.

En collaboration avec Einstein (Albert), *Pourquoi la guerre ?* (1933), Paris, Rivages Poche, coll. « Petite bibliothèque », n° 488, 2005.

*Chaleureux remerciements à Françoise Santon
pour les relecture et correction
des manuscrits et épreuves*

Table des matières

* 9 7 8 2 3 1 5 0 0 3 0 2 0 *